한국문학작가연합 8집

비 오는날 술 다섯잔

그리워서 한잔
외로우니 한잔 더
잊으려고 한잔
못 잊으니 한잔 더

그러다가
그러다가
아 !
꿈속에서
맞잔.

– 시(비 오는날 술 다섯잔) 전문

도서출판 채 운 재

비 오는 날

술 다섯 잔

아름다운 삶의 발자취

문학이란,
인간 내면의 최저의 고뇌와
최상의 감정적 아름다움을 삶의 이야기로 엮어가는 것이라고 생각합니다
인간의 삶을 영속적으로 계몽하고 승화시키며
영혼을 맑게 가꾸어가는 진실의 도구라고 생각합니다

삶에서,
누구보다도 치열하고 열정적이었던 칠레의 시인 파블로 네루다는
예술의 법칙과 인생의 법칙은 미학주의가 아닌 사실주의이며
시인의 삶은 문학에도 반영되어야 한다고 했습니다

그러므로 우리들의,
삶 속에서 느끼는 일상의 이야기들을
인생의 일기처럼 기술하며 엮어가는 것
그것이 진정한 문학이라고 해도 과언이 아닐 것입니다

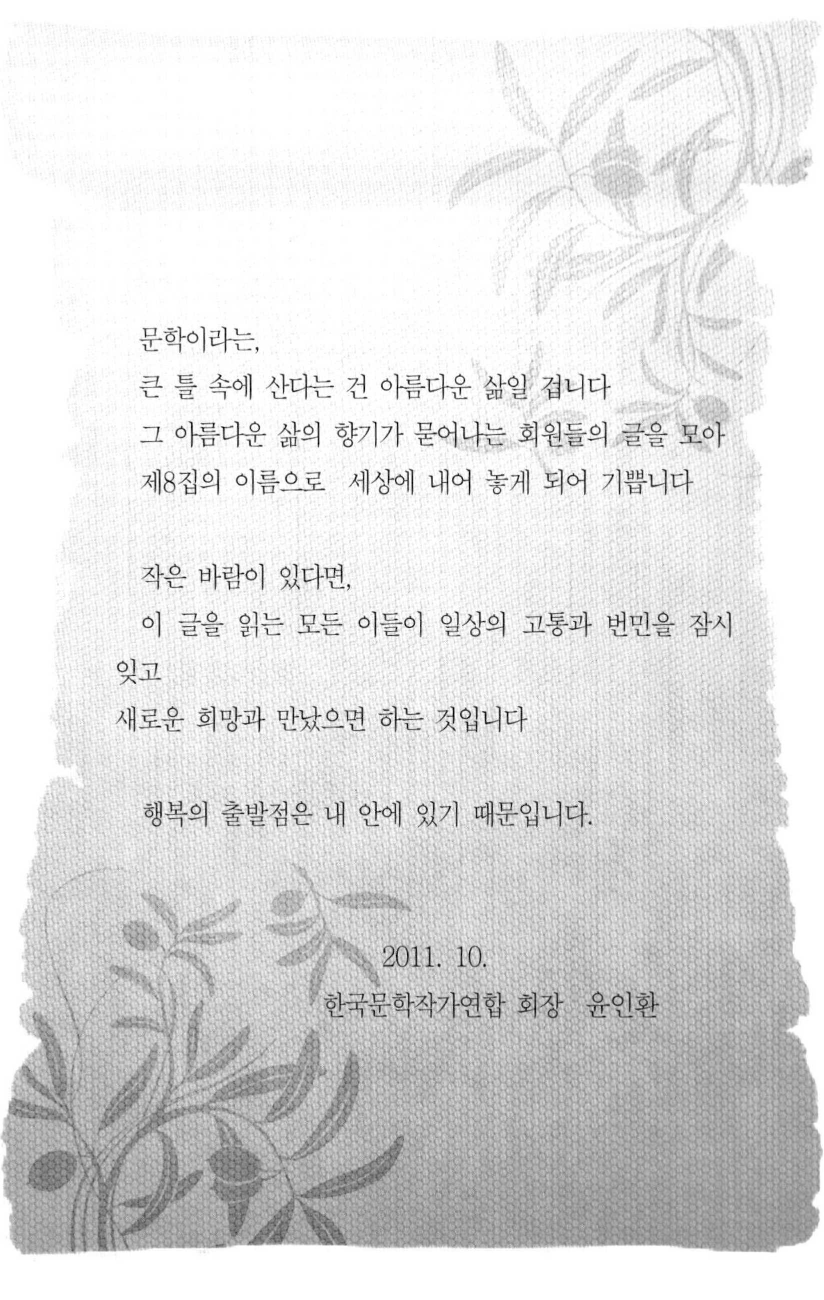

문학이라는,

큰 틀 속에 산다는 건 아름다운 삶일 겁니다

그 아름다운 삶의 향기가 묻어나는 회원들의 글을 모아

제8집의 이름으로 세상에 내어 놓게 되어 기쁩니다

작은 바람이 있다면,

이 글을 읽는 모든 이들이 일상의 고통과 번민을 잠시 잊고

새로운 희망과 만났으면 하는 것입니다

행복의 출발점은 내 안에 있기 때문입니다.

2011. 10.

한국문학작가연합 회장 윤인환

차례

제1부 우리의 만남 여기에 담아

제2부 차 한 잔의 사랑

제3부 시인은 꽃을 피운다

제4부 아름다운 삶의 이야기

1부

우리의 만남 여기에 담아

비 오는 날 술 다섯 잔

용문사 꽃살문

유미란

마음에 새기고 싶은 무늬 있다면
꼭, 널 닮은
무늬 하나 갖고 싶다고 빌어도 될까

금방이라도
가슴으로 와르르 쏟아져 무늬가 될 것 같은
수백 년 전 애기 고개 숙여 들으며
꽃송이 두 손으로 받쳐
천 년이 지나도 시들지 않을
단단하고 정제된 무늬
무심으로 새기며 몸을 굽힌다

마음 사이사이 향기 피어오르다

석림에서 I
– 화석

이경란

사랑하다 사랑하다가
기다리다 기다리다가
심장이 굳었습니다, 돈 벌어 온다, 먼 길 떠난
아내 기다리다가
배고파
울고 보채는 아이
달래다가 고개만 쭉 빠진 채 화석이 되었답니다.

그리다가 그리워하다가
서둘다가 서두르다가
눈물이 말랐습니다, 돈 벌어 오기 기다리는
남편 보고파서.
눈망울
그윽한 딸아이 보고파서
달려가다가 한걸음 앞에서 화석이 되었습니다.

여흥

전성재

들어설까 말까
서성이다 보면
후회도 한다

누군가 축포 터뜨려
피에로 되면
잠자던 끼
산발처럼 타오르고

흠뻑 젖어 풀고 나면
막힌 체증
속까지 후련타만

누구나 마음속
양반 한 분 모시고 사니
못된 광대 흉보기 일쑤라

좌중에선 사주경계
속앓이 하느라
허탕치기 일쑤다.

디케(Dike)의 저울질

고청명

두 눈 질끈 동여 가리고
한 손에는 저울을
한 손에는 칼을 거머쥔 디케* 여!
그대 두 눈을 가림은
법 앞에 공평일진대
그대 두 눈 가리움에
저울질이 장난질 치는구나.

뉘던가?
그대 저울 앞에 서서 추를 다는 저들
법은 만인에 공평해야 한다고
법은 정의로워야 한다고
형평성을 말하며 추를 올리는 저들
누구에겐 황금 추를 올리고
누구에겐 스티로폼 추를 올리누나.

보라, 양상군자여!
나쁜 짓을 할라 치면 크게 하랬다고
구멍가게 껌 하날 훔쳐도 죄이니
디케의 저울대에 오르면
일벌백계 스티로폼 추가 달리고
나라라도 팔아먹고 재수 없어 걸렸단 자
번뜩이는 황금 추가 죄 없다 오르더라.

*디케(Dike) : 법의 여신, 그리스 신화 속 정의의 여신으로 디케는 두 눈을 천으로 가리고 한 손에는 저울을 또 다른 한 손에는 칼을 들고 있는 형상으로 표현되어 있다.

늦 단풍 들다

강희창

그대 가을 산 단풍을 바라볼 때
그 눈빛은 하례인가, 조문인가
늦은 몸짓이 잔치인 듯 사름인 듯
내게는 무슨 의미로 오는 것인가

까실하니 탕 난 마음 비집고 오는
햇살 쏘임이 이리도 달더란 말이지
산허리 둔부를 슬쩍 쓰다듬는 구름아
까닥이는 단풍 손에 미혹되던 반달아
그래 나보고 어쩌란 거냐
겨드랑이 사이 저 간지럼은 또 어쩌구

햇살의 농간이든 바람의 장난이든
모두가 지나가는 것이란다
속히 지나가는 걸 낸들 어쩔 거며
나라고 속이 타들지 않겠냔 말이다

색깔 바꾼다고 속마음이 감춰지더냐
어차피 알 걸, 다 알아챈 걸 어쩌라고
영산홍 피 토하던 날에 안 그런 척
서로 눈이 딱 맞았다는 거 아니냐

그래 서리꽃 앉는 벼랑 끝이라 해도
이참에 뜨거운 사랑 한번 해야 쓰겄다
늦으막에 탄성 한껏 질러 보는 거다

습관된 배려

윤인환

아마도 그날은 캄캄한 밤이었을 게다
소주 한잔에 취해버린 몸을 이끌고
춤추는 건널목을 지나고 골목길을 지나고 언덕을 지나고
쌍둥이 전봇대를 지나서 오던 낯익은 삼거리 길
날마다 경비 서던 밤도 꾸벅이며 졸던 새벽쯤이었을 게다
철커덕 녹슨 대문을 여는 순간 꼬리를 흔들며 반기는 강아지
온 동네 사람들도 곤히 자고 있는데
어둠을 흔들며 다가서는 이보다 더한 반가움이 있을까
긴 대화는 나눌 수 없어도
철저하게 습관된 기다림 속에서 배어 나오는 인사
늘 뜬눈으로 준비된 배려의 몸짓이 아니던가
그러고 보니 내 몸짓 한 번이라도
누군가를 위하여 저들처럼 반가움을 나타낸 적 있었던가

하늘엔 별이 총총 빛나는데
반가움이 흔든 어둠의 깃발은 내 눈을 콕콕 찌른다.

공원에 내린 축복

박가월

도시의 공원 아침 햇살은 상쾌했다 손잡고 나선 하늘은 청명하고 비도 없었는데 건물과 나무들은 비 온 뒤 내려준 선물처럼 깨끗하다 하늘과 땅은 일시에 대청소한 정화된 공기에 산뜻한 바람이 살랑 꼬리를 문다 벤치에 앉아 있는 동안 이대로 생명이 멈춰도 좋을 행복한 여유다 새들만의 고요한 지저귐을 미래의 할아버지와 할머니는 음악처럼 듣고 있다 이런 날이 찾아온다는 것은 일생에 두 번은 없으리라 우리가 사는 동안 아름다웠다고 말할 수 있는 둘만의 되새김질할 수 있는 추억이라고.

붉은 홍시의 상처

이향숙

몇 개 남지 않은 감나무 끝에 연 꼬리랑
실랑이를 벌이고 있는 붉은 홍시.
홍시의 붉은 눈물이
감나무 줄기를 타고 땅으로 곤두박질친다.
감을 다 따지 않고 남겨 놓은 주인을 원망하면서
붉은 홍시는 자기가 태어난 감나무 기둥에
붉은 상처를 바른다.
감나무는 옹이에 묻은 붉은 홍시의 상처를
소독약 마냥 쏙쏙 흡수하며 벌써 봄을 기대한다.

마지막 잎새처럼 감나무 꼭대기에 달려 있는
붉은 홍시는 배고픈 까치와 실랑이를 벌인다.
까마귀는 주둥이에 묻은 붉은 홍시의 살갗을
주린 배를 채워주는 행복한 포만감으로
감나무 기둥에 쓱쓱 문지른다.
찢겨진 붉은 홍시의 살갗은 여기저기 흩어지고
봄을 기다리는 감나무,
붉은 홍시의 상처를 어루만져주지 못한다.

붉은 홍시는
산산조각으로 찢겨진 살갗이
어느새 굳어진 채 늘어져 있는 자신의 상처가
영원히 아물지 못할 것이라고 느꼈다.
해마다 봄이 되고 가을이 되면 그 상처 위에
또 다른 상처가 앉고,
그렇게 더께가 되어 새순이 돋아나는
감나무의 옹이가 되고 싶어 하는지도.

정신병동

김낙필

사내는 요즘 혼자 노는 방법에 몰두해 있다
길게는 수십여 년을 조악하게
홀로 살아야 할지도 모른다는 불안감에 떨고 있다
운이 좋아 방법을 채 익히기도 전에 명줄을 놓을지도 모르지만
만약을 위해서 부단히 홀로 사는 법을 연구하는 중이다
몇 날은 굶어도 보고
몇 날은 핸드폰 배터리를 빼놓은 채 지내보기도 하고
산속을 홀로 헤매보기도 하고
먹는 풀을 구분하여 눈에 익혀 두기도 한다
몇 날은 두문불출 외부와의 단절 상태로 지내기도 한다

사내가 구겨지기 시작한 것은
어느 날부턴가 말을 잃어버리고 나서부터였다
실어증…할 말이 사라져 버린 것이다
머릿속은 온통 하얗고
주위 사람들마저 갑자기 온데간데없이 사라져 버렸다
그날부터 사내는 어쩔 수 없이 몸속의 그림자와 산다
거리가 한산하게 비어 있고

공원 벤치에는 매일 비가 내렸다
천둥이 울고 번개가 쳤다
집들이 허물어져 내렸다
바다에는 산 같은 파도만 일렁였다
사내의 세상은 어둠뿐이었다
사는 것이 무서웠다

사내는 요즘 혼자서도 잘 논다
텅 빈 거리를 걷고
비 오는 공원에도 간다
천둥 번개가 쳐도 신경 안 쓴다
사는 게 지옥 같아도 상관없다
그의 곁에 아무도 없는 것이 차라리 홀가분하다

사내는
꾸지 말아야 할 꿈을 꾸고 있는 중이다……

난, 물이 아니다

김영철

차고 넘쳐 경계를 따라 희미한 선하나 긋다가
수수께끼 같은 물음에 흐름을 멈춰 돌아보니
면적만 키운 얕은 바닥……
하여 나는 더 이상의 흐름을 거부하며
난, 물이 아니다

돌 하나 풀 포기 사이 그리움 또는 외로운 경계
가만히 선 긋는 비록 사소한 일 일지라도
소중하게 감싸 안고 어우르며 흐름을 거부하여
난, 물이 아니다

사실로 보여 지는 흐름의 눈부신 축복에도
꿈을 갈아엎고 믿음에 써레질하며
가만히 역류하여 거부하는 몸짓으로
난, 물이 아니다

빛나는 삶의 달콤한 약속 앞에서도
살아 있는 몸짓으로 거꾸로 거슬러 오르며
내가 나에게 주어 가슴 깊이 새기는 말

고맙다, 난 더 이상 경계를 따라
선만 그으며 흐르는
난, 물이 아니다.

회상

이 영

홀로된 마음에 푸른빛이 스며들고
어둠에 유린당한 불면의 시간은
밤새 내리는 소나기를 혼자 마시게 했다
겁도 없이

휘청거리는 발걸음은 한숨을 끌어안고
"어떻게 하지"를 되뇌인다
닫힐 듯한 눈까풀은 흔들리고
허공을 휘 젓는 손끝에는
소리 없는 언어가 그림자를 달고 온다
향기 짙은 에고이즘의 입맞춤은
혀끝에서 부끄럽게 노출이 되고
한 겹씩 벗겨지는 심장소리

따스한 슬픔이 약속을 한다
희미한 기억의 끝자락에서
비에 젖은 옷자락을
마른 햇살에 던져주고
맨살에 닿은 바람만 미끄러지고 있다

기타연주

전성재

가냘프고 올 곧은 여섯 줄 사선 위
무뚝뚝하지만 재기 넘치는
다섯 공자님 걸터앉아
물 만난 고기 마냥 한바탕 몸을 흔드니
희로애락 사연들 날 새는 줄 모르고
뒤풀이하네.

만취

이향숙

붉어진 얼굴 위로 쏟아지는 무성음들
암흑 속에 혼자 내버려진 느낌.
흔들리는 세상 끝에 서서
불빛을 잡으려 헛손질한다.
땅이 꺼지라 쉬던 한숨은 어느새
하늘을 나는 '환호'로 바뀌고
거꾸로 보는 세상이,
빙빙 도는 세상이 이리도 신 났던가.
비뚤게 선을 그어도
나는 똑바로 걸을 수 있다고 우겨본다.

목단의 비애

고청명

너의 우아한 자태
부귀를 말하며 베갯잇에서 벽보에까지
한 땀 한 땀 수놓아져 교태롭기까지 하거늘
섬섬옥수 고운 손길 묻어났다고
뉘 있어 널 가리켜 향 있다 하려는가

부귀롭고 우아하였음에
집집마다 안방 건넌방 사랑방 할 것 없이
네 자태 교태로움 한껏 뽐내는데
곱디 곱되 향이 없노라고 타박하니
봄날 네 짙은 향에 고개 까웃하더라

옛날 옛적 철부지 아씨 말 한마디
향 없는 꽃이라고 네 본성 왜곡더니
천오백 여년 널 아껴 뜰에 두고도
밤마다 베갯잇 끌어 앉고 뒹굴면서
향 없는 꽃 바로 너라 하더구나

빈 가슴이

김영철

좋은 하루 보냈는데
자리에 누울 무렵 빈 가슴
섧다, 섧다.

그리울까 전화하니
보고 싶단 말 대신 깔깔대는 웃음소리
슲다, 슲다.

내게 외로운 오늘이
내일 널 외롭게 할 것 같아
싫다, 싫다.

오늘은 해바라기 씨 한주먹
뿌릴 땅 한 뼘 없으니
그 씨 입에 넣고 가슴에 심는다.

봄비

유미란

저기 반듯하게 걸어오는
벅찬 떨림이
그대였으면 좋겠다

오는 길 한눈팔지 않고
곧장 내게로 달려와
자박자박
가슴 적시는 두근거림이
그대였으면 좋겠다

차라리 내가
그대에게 흘러들어 가
더 큰 울림으로
푸른 물
넘쳐나 출렁대는
연둣빛 그리움이었으면 더 좋겠다

흐린 하늘만 봐도
그대 언제 올지 금방 알 테니

석림에서Ⅱ

– 통로

이경란

돌 숲을 헤매다가 길을 잃었어요.
통로를 찾을 수가 없었어요.
그 곳이 보이는 데, 빛이 보이는 데
가는 길을 잃었어요.
애절한 전설을 보았고
마음 아픈 연인의 모습도 보았어요.

돌 숲을 헤매는 길에
밝고 환한 빛줄기가 보였어요.
높고 가파른 언덕길
뾰족한 바위틈에서 문을 보았어요.
넘어지고 찔리고 나서 빛을 보았어요.
그곳으로 가는 통로가 있었어요.

돌 숲에 들어설 때
발밑에서 세 잎 클로버 웃고 있었어요.
세 잎 클로버 더불어 네 잎 클로버도 주었어요.
둥글고 환한 문이 열렸어요.

어느 밤, 나목

강희창

어느 밤, 나목의 숲으로 걸어갑니다
한기 삼킨 어둠이 들짐승처럼 파고들어
깨 벗은 동토 위에 나를 할퀴어대면 댈수록
외로움 옆에 외로움으로 기대지 못합니다
몸서리치듯 그 외로움을 말해버린 지금
알몸으로 서성대는 젊은 날의 환영들이여
버국에 상흔으로 남겨지는 불면 속에서도
철저히 세상에 홀로이고자 했습니다
때론 한껏 내뻗어 헛손질만 하던, 그렇게도
간절했던 날들은 눈발처럼 부서져 나리고
한 잎 내놓을 것도 없는 날들을 키웠습니다
중심의 울먹임은 밖으로 들리지 않는 법
얼마를 인내해야 꼿꼿이 설 수 있을지
얼마를 자라야 평안에 다다를 수 있을지
차마 어둠을 채질하다 기진하는 외딴 한데
새벽이 올 즈음이면 삭풍도 잦아들지만
숨죽이며 먼동이 트길 바라는 처연한 눈빛들
나무도 밤이 무섭습니다

그리움

이 영

빈둥거린 하루
소금기 배인 옷자락에 남겨진
하얀 그림자를 보고 거짓말임을 알았지요

박제가 된 표정이
길을 잃고 바람 속을 걷는군요
감출 수 없는
그리움
성글 성글 고인 눈물이
두 볼을 타고 내려올 때
별빛이 되는 것을 보았지요

어깨 위를 짓누르든 풀리지 않았던
난마의 세월이
서럽게 통곡하던 시절
이제는 모두 벗어놓고
잠들지 않은 시간
달빛 따라
제게로 오세요

가엾디 가엾은 마음
꼬옥 안아 드릴게요

낮은 곳으로

김낙필

무너져보면 안다
세상은 아주 별 볼일 없이 낮다는 걸
그 낮은 세상 밑에서 불이 타고
보이지 않는 그곳이 중심이라는 걸
낮게 낮게 엎드리면 세상소리가 들리고
물줄기가 하염없이 차오르고 있다는 걸 안다
모든 것은 저 무저갱 같은
아랫도리로부터 솟아난다는 걸 안다

바람의 끝은 없다
항상 여기저기로 불려다닌다
바람이 부는 방향으로 가다 보면 시작점으로 온다
바람의 잔해는 흔적도 없다 그러니 바람이다
지붕 위를 걸을 때 조금 웅웅거릴 뿐이다
그 울림이 때론 눈물이 되고 시간의 궤적도 되지만
흔적은 남기지 않는다
바람의 전설은 맘모스의 뼈 같은 것이다

상처는 새살을 돋게 한다
새로운 세포를 키우는 자양분이다
발기발기 찢기우면 끝이다
적당히 다쳐야 재생이 가능하다 그게 상처다
상처는 결국 아문다
길길이 뛰고 생난리를 쳐도
세월이 다리를 걸어 엎어놓고 밟는다
그럭저럭 잊고 마는 게 생채기다

무너져보면 안다
단순하고 홀가분한 게 좋다는 걸
오를 산도 없고 떨어질 나락도 없는
바람도 없고 상처도 없는
남자 여자가 아니어도 상관없는
無我의
그 곳이 도아의 경지라는 걸
무너져 보면 안다

그대를 사랑할 수 있다면

박가월

1

그대를 사랑할 수 있다면
가난해도 좋아라
그대의 종이 되리라
그대의 누운 병상을 지켜 주리라
시련도 행복하여라
이 세상에서 가장 아름다운 사랑을 위해
죽어 줄 수도 있으리라
그대를 위해서라면
지옥까지 쫓아가리라
그대를 사랑할 수 있다면

2

그대를 사랑할 수 있다면
내 마음은 한 마리 학이어라
큼직한 날개 짓으로
내 마음은 훨훨 날아

그대를 쫓으리라.
존재의 가치를 찬양하면서
마음껏 펼쳐진 날개에
주워진 사랑을 공유하리라
그대를 사랑할 수 있다면

3

그대를 사랑할 수 있다면
이것은 혼자서 사랑을 할 때
둘이 사랑을 할 수 있는
토대를 이루려는 말이다
사랑을 해도 사랑을 할 수 없을 때
그대를 감싸 안을 수 있는
사랑을 하고 싶어 소망하는 말이다
그대 사랑의 문이 열릴 때
아름다운 사랑과 기쁨을
누리고 싶은 행복한 말
그대를 사랑할 수 있다면

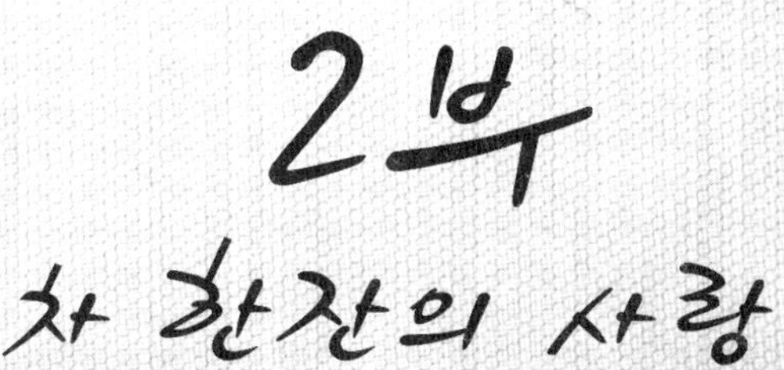

비 오는 날
술 다섯잔

바람의 길

김낙필

당신이 떠나고 나는 밤바다가 되었다. 언제나 가슴으로 파도가 와서 철썩이고 새벽이 올 때까지 잠을 잊은 파랑처럼 너울거렸다. 문소리가 나면 철렁 가슴이 내려앉고 지나는 바람에 심장이 고동치곤 했다. 나는 썰물도 못되고 밀물도 못 되는 인생의 나루터에서 밤새 출렁이며 산다. 생이 흔들리는 줄도 낡은 뱃전의 동아줄처럼 썩어가고 낡아가고 있다는 것도 모른 채 철 지난 엽서를 읽고 또 읽는다. 포구는 매정했다. 그대가 곁을 놓듯 썩은 생선 대가리만도 못한 기다림으로 이렇게 흔들려서는 결국 생의 끄트머리쯤 되는 너를 보지도 못할 것 같은 예감으로 촛불을 켠다. 매정한 밤바다는 누굴 위해 우는가. 아무도 없는 아무것도 할 수 없는 바람 소리라도 붙잡고 死의 축제에 잔을 든다. 달이나 별이나 반딧불이나 나방이나 카바이드 불이나 뭔 상관이랴. 마른 칼로 배를 가르고 가자미나 굽자. 막소주 한잔에 생을 노래하기는 이미 늦었다. 한 점 한 점 살을 여미고 피를 닦고 아린 마늘 한 쪽처럼…태종대, 광안리, 송정, 해운대, 자갈치 아줌마…놀래미 뼈만도 못한 칼을 들고 전쟁의 한복판에서 노래하던 나는 누구더냐?

나는 바람 집에 사는 비리고 비린 사내…바람이다.

우리 생전 만날 약속은 접어두고 부고라도 오면 그때 울어주기로 하자.

바람조차 마를 때까지……

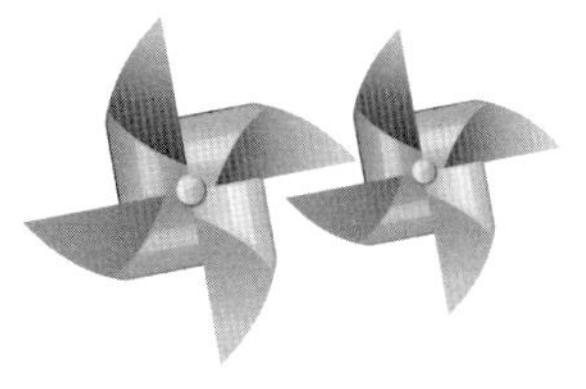

그대에게 있어서 나는 · 1

윤인환

그대에게 있어서 나는
영혼 한켠에 깃드는 안개이고 싶다
있는 것 같으면서도 없고
잡힐 것 같으면서도 잡히지 않으며
내놓아 보여줄 순 없지만
살갗으로 가슴으로 느낄 수 있는
새벽 물안개이고 싶다

그대에게 있어서 나는
영혼을 가꾸는 핏줄이고 싶다
존재하지만 잊고 살며
서로에게 아무것도 요구하지 않는 해 맑은 순수로
다시금 점토로 돌아갈 때까지
영원히 함께하는 핏줄이고 싶다

그대에게 있어서 나는
싱그런 푸르름이고 싶다
언제나
가을 하늘 닮은 청초한 모습으로 기억되며
화나거나,
슬프거나,
기쁘거나
오대양 육대주 먼 바다 빛처럼
변치 않는 푸르름으로
그대 작은 가슴에 기억되고 싶다.

국밥집

이향숙

지친 발걸음은 국밥집 앞에 멈췄다

키 큰 은행잎 사이로 녹이 슨 간판이 어렴풋이 보이고
허리가 굽은 노파가 가을 색 앞치마를 두르고
뒤안길에 있는 가마솥에서 뽀얀 맛을 담아내고 있다

거친 세상을 쓱쓱 닦아낸 노파의 손은
무뎌진 세월을 탓하지 않고
무거운 솥뚜껑처럼 묵묵히 견뎌내고 있다

이가 빠진 질그릇에선 소박한 정이 넘치고
붉은 깍두기에선 묵은 정이 코를 찌르고
가을 서리 맞은 고추 된장에 푹 찍어
한입 먹어보니 최루탄만큼이나 맵다

세파(世波)를 피해 잠시 아늑한 곳으로 왔다가
다시 나가려니 흩어진 조각난 꿈을 쓸어버리듯이
세차게 세차게 그렇게 비가 내리고 있다
녹이 슨 간판에서 녹물이 뚝뚝 흐르고 있다

느림보 달팽이처럼

고청명

어둠을 달고 사는 가슴 가슴마다
푸르게 흐드러진 들판에서
농약 치는 일도
비료 뿌리는 일도 다 잊을
느림보 달팽이의 여유를 접종하자

어둠을 달고 사는 가슴 가슴마다
논두렁 밭두렁 어슬렁대며
풀잎 꽃잎마다 맺힌
맑은 이슬방울 영롱한 빛을
느림보 달팽이의 여유로 접종하자

이렇게 느림보 달팽이의 삶 속에
신선한 햇살과 바람이 빚어낸 먹거리로
어둠을 품고 사는 이들을 배불리고
그들의 아픔을 치유하는
느림보 달팽이의 여유를 접종하자

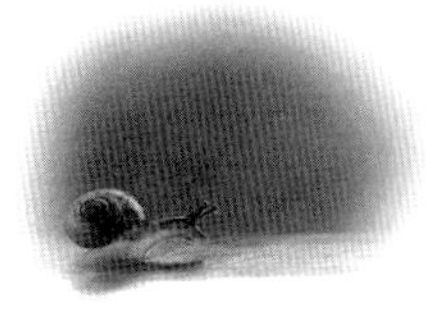

아름다운 미소

이 영

살빛 고운 님의 미소에
절로 웃음꽃이 피어나요

소리 없는 님의 미소는
잿빛 하늘도 웃게 하지요

님의 미소로 시작되는
하루
빛 속으로 걸음을 옮기게 합니다

한낮 노동이 시간을 갉아먹고
쉰 냄새 나는 일몰이 성큼성큼 다가올 때
님의 미소가 있어
행복하게 하루를 마감합니다

향기로운 님의 미소
그 비추어진 눈에 담겨있는
저의 모습을 보았습니다

갯벌에서

이경란

질퍽거리는 세상
미끄러지고 빠지고 흐느적거리다가
헤어 나올 수 없이 빠져버린 늪.

한 발 한 발
오물거리는 소라, 게 줍는 재미에
직업을 망각했다, 어부가 된 것으로.
만선의 욕심을 들여놓다가
밀려오는 밀물의 쓰나미.

늪에 빠져 허우적거리며
살겠다고 아우성칠 때
멀리 보이는
아름다운 그림 한 폭.

종알종알
꿈을 줍는 아이들.

아기발

강희창

세상과 맞닿으려 참 곱게도 빚어낸 밑둥치
신의 뜨락을 걸어 나온 듯 원시의 향내가 난다
앙증맞게 진화하여 닮아간 열 가락 맺음
계시를 숨기고 내디디면 바로 너의 세상이란다

힘차게 걸어가라 항상 평탄치만은 않을 것이니
혹여 거친 가시밭길이라고 함부로 돌아서지 말며
가서는 안 될 길이거든 급히 돌아서는 용기를 내거라
더러는 좌절의 늪에서 진흙탕을 밟더라도
너의 발은 원래 곱거니와 곧 씻으면 깨끗해지리라

착한 아가야 좋은 길을 만나기도 하겠구나
아름다운 비단길이 네 발아래 펼쳐지거든
너를 세상에 보낸 이를 생각하고 감사하여라
향기로운 꽃길 위를 사뿐히 걷게 되거들랑
가장 낮은 곳에 낮추고 사는 이들을 기억하거라

어여쁜 아가야
너의 발은 세상과의 만남 점이란다
지구 위 어디든 밟고 보란 듯이 서서
또렷이 자국을 새기며 너의 길을 가거라
내 사랑하는 아가야

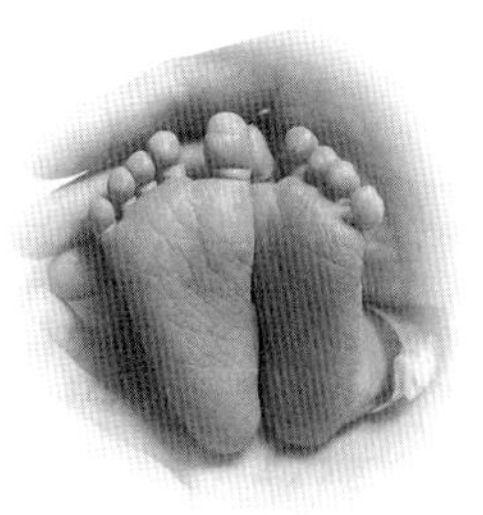

사랑은 배고픈 거래요

박가월

사랑은 배고픈 거래요
우리 언니는 사랑에 목말라하고 있어요.
사랑에 지친 노처녀이거든요
한때는 잘 나갔어요.
너무 튕기다 신랑감들이 돌아섰어요.
이제 찾아오는 사람이 없어요.
시기를 놓친 거예요.
길 잃은 어린 사슴인 양
사랑에 배고파하고 목말라 해요.
지쳤어요. 구출해 주세요.
사랑은 받아도 받아도 모자란 거래요.
우리 언니를 사랑의 목마름에서 구해 주세요.

희망

김영철

꽁꽁 얼어붙은 밤하늘엔
별도 달도 없는데
민들레 씨앗처럼 하늘을 나는 눈송이는
어디서 별빛 묻혀 오는 걸까?

세찬 겨울바람 바늘 끝에
쫓겨 오는 눈을 보았는데
저 눈밭에 피어오르는 아지랑이는
언제 품에 숨겨 왔을까?

벌초

전성재

해마다 가는 길
이름 모를 잡초 덤으로 아수라장
헤쳐 가는 발걸음 길을 만들어
에둘러 그 자릴 잡아
서슬 퍼런 예초기 시동 거니
몇 달 굶은 야생 동물로
으르렁거린다

한참을 술 취한 난봉꾼 되어
예초기 휘둘러대니
놀란 조상님 간데없고
마알간 봉분만 살아난다

푸석한 봉분
흔적 없던 좌판
음식 차려 예 올리니
그제야 기침들 하셨는지
예전 같이 화기 돈다

한참을 옛이야기 나누며
담배 한 대 올리고
저승엔 없을 술 한 잔 권하니
바알간 취기로 웃으시며
찾아준 효심에
넉넉한 가슴 용서 주신다.

가을에 손 흔들며

김영철

갈려는 가을손님
덜미를 꽉 잡고서
오늘은 내 창가에
단단히 못 박았네

가을은 빠알갛게
내 맘은 노오랗게
창가에 붙들어 매
이제야 안심되네

빨그노래래……

오는지 몰랐는데
가려는 손님에게
실례를 무릅쓰고
일단은 붙들었소

그래서 어쩌자고?
그거야 내 알겠소?
가는 걸 그냥 두지……
아니요 못 보겠소

나보고 어쩌라고?
나두야 모르겠소
온 길을 빈손으로
가는 꼴 못 보겠소

우선은 붙들고서
그담은 나도 몰라
내 맘이 허전하여
그냥은 못 보내오

붙잡은 님 곁에서
배시시 웃으려오
그대가 뭐라 하든
잠시만 보소 가소

길섶에 누런 풀을
건들며 스치면서
천천히 늦게 간들
세상이 바뀌겠소

이별주 없을쏜가
아이야 동동주에
단풍잎 한 잎 띄워
찬 없이 그냥 다오

어차피 늦은 행차
어슬렁 걷는다고
누구를 탓할 손가
가을을 보냄이랴

비밀의 정원

유미란

집도 그대로
음악도 그대로인데
가슴은 시큰둥 아무도 보고 있지 않다

집 오래 비우다 보면
결국엔 슬픔도 지켜보다 떠나는지
방문만 열어도 왈칵 쏟아지던 눈물이 이제 없다

빗장 채워 두었던 방문 다시 열어 놓고
다락방 오래 가둬 두었던 낡은 언어
처마에 걸어놓고
겨울 햇살에 부르튼 마음

저무는 언어의 혀 밑으로 가슴 밀어 넣고
말문 터지길 기다리는
팽팽한 詩
핏기가 돈다

豪雨時節

김낙필

그땐 무모했으리라
절실했고 옆은 보이지 않았으니까
미쳤으니까
지나가는 소낙비처럼 살았다 해도 후회는 물론 없다
한 시절이 그렇게 지나가서
그 기억으로 남은 시절을 오롯이 견딜 수 있다는 게
다행스럽고 고마울 뿐이다
툇마루에 멍하니 기우는 오후 햇살을 보다가도
산마루 도깨비 비가 지나가면 슬며시 웃는다
마치 나만의 비밀이 있는 것처럼
올인할 수 있었던 무모함의 정체는 무엇이었을까
서로 파고들어서 더 이상 스밀 때가 없을 때까지
젖어들었으니까

한 시절은
그렇게 소낙비처럼 가고
건널 수 없는 강을 앞에 두고 저녁노을은 마냥 붉다
미안하다는 말은 말자
그리워도 말자
같은 하늘 아래 늙어가면서

누구의 잘못도 아닌 그 격렬했던 시절을 후회하지는 말자
최루탄 같았던 시절
온몸이 멍 자국이 남았더라도
미안했던 것은 미안한 대로
미워했던 것은 그것대로 묻어가기로 하자

누구나 한 시절이
그렇게 가는 것이 아니더냐

낙엽처럼

전성재

허공으로 날리다가
빙그르르 돌다가
직각으로 하강하다가

그렇게
그렇게
어느 곳엔가
홀로 남겨져

자연의 이웃들과 웃으며
원점으로 사라져 가는
행복 이야기처럼

그렇게
그렇게.

섬

이향숙

조각구름이 걸린 나무에는
뭍의 소식들이 조각조각 구멍이 나 있다.

철새들의 보금자리인 갈대 늪이
허우적거리며 한숨을 빨아들이고 있다.

솟은 큰 바위에는 검은 멍투성이가
이끼 되어 하얗게 군내를 피우고 있다.

맴돌다 보면 내 발자국은
늘 그 자리를 디디고 있다.

갇힌 육신보다
갇힌 마음이 더 조바심을 낸다.

사람들은 섬으로 오고 싶어 하지만
난 섬을 떠나고 싶다.

세상 속으로.

초승달

이 영

넓은
당신 가슴에
오동통한 살점
다
떼어주고 부서질 듯 작은
몸뚱이로 기도합니다

잠길 듯 잠기지 않은
흐릿한 눈빛으로
어둠 한곳에 서서
마지막 버팀목으로
당신 마음에 남아
살이 되고
피가 되어
환한 웃음으로 꽃피워 드리지요

꿈속에 갇혀

유미란

깨어보니 꿈이고
또 깨어보니 꿈이다
꿈속에서 만난 나와
또 다른 꿈속 나를 바라보는 나와
꿈 밖을 돌아다니는 나와
꿈을 꾸는 내가
몇 겹의 꿈속에 갇혀
한 겹 한 겹 꿈을 찢으며
문을 찾는다

오늘 중에는
도저히 빠져나올 수 없을 것 같던 무중력 속
어떻게 빠져나왔는지
나는 멀쩡하게 앉아 밥을 먹고 있다
이것도 꿈인가?

산후취
-아내 두고 또 장가가다

박가월

예전에
할아버지 시절에는
큰마누라 작은마누라를
거느리고 살았답니다

좋은 일 같지만
그렇지 않은 경우도 있나 봅니다
잠자리를 누구하고 하나
행복한 고민 같지만
불행한 날들이 더 많았답니다

잠자리를 큰마누라와 같이하면
작은마누라가 시기하고
작은마누라와 같이하면
큰마누라가 시기하여
밤이면 서로 차지하려고 싸움이 붙어
마누라 둘씩이나 두고서도
사랑방에 독수공방하였답니다

싸움을 말리다 보면
누구 편이냐고 따지고 들어
할아버지는 말리지도 못하고
헛기침만 일관하다
살그머니 피신해 나오면
행복 속에 불행이라고
할아버지 주위에선 말했답니다.

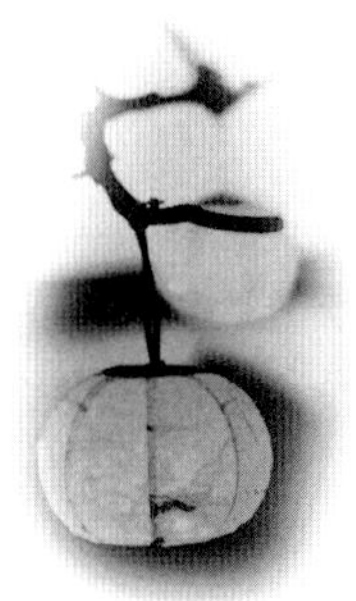

친구야, 다시

강희창

친구야 일어나라
얼어도 일어서고
밟아도 일어서는
저 들녘의 청보리처럼
다시 일어나라

젊은 날, 한 때 벽에 부딪혔다고
어찌 죽음의 구렁텅이를 배회하는가
가장 아껴야 할 것은 한 번뿐인 자살이요
좌절로 주저앉아 있기도 녹록지 않거니와
벽은 허물어뜨리면 문이 되나니

보라, 땡볕 타는 길바닥에 짓이겨져도
상한 몸 추스르고 다시 일어나
꿋꿋이 꽃대궁 밀어 올리는 질경이를,
배곯고 등 굽어도 결코 쓰러지지 않으며
당당히 너를 키워낸 부모님을 보라

친구야
눈을 들어 하늘을 봐
하늘은 언제나 네 편이야
자, 손 털고 다시 친구야

하늘을 품은 사람

이경란

우르르 쾅 쾅
우르르 쾅 쾅
주르륵주르륵 쏟아지는 욕설
마음을 뒤덮고 생각을 엎어버렸다.
퍼붓다 퍼붓다
무너져 내린 가슴
뻥 뚫린 하늘에는
아무것도 남은 것이 없다.

휴~ 한숨 한번 돌리고
귀를 흔들어 다시 끔찍한
욕설을 꺼내어 곱씹어 보니
가슴을 깨끗하게 빨았구나.
닦아도 닦아도
험담과 싸움으로 얼룩진 마음
깨끗이 빨려고 비웠구나

우르르 쾅 쾅
주르륵주르륵 쏟아낸 욕설
힘차게 그리는 붓놀림은
피카소보다 미켈란젤로보다
더 멋진
하늘을 담은 걸작이구나.

구름을 품다

고청명

세마대* 올라보니
개망초 꽃 하얗게 흐드러져
짙푸름 위로 떠오른 하얀빛 무리들
그 빛은 구름이어라
흰 구름이어라

개망초 꽃 한 아름 꺾어 들고
긴 머리 흩날리며 나풀거리나니
저 여인네는 구름 위 선녀요
품에 구름을 따 앉았어라
덩달아 구름을 품었어라

* 세마대(洗馬臺) : 경기도 오산시 세마동에 있는 백제 시대의 산성인 독산성(禿山城) 내에 위치한 곳으로 임진왜란 때 산성 안에 물이 풍족한 듯 보이기 위해 쌀로 말을 씻겨 왜적을 속여 물러가게 했다는 전승유적지.

3부

시인은 꽃을 피운다

사랑에는 점잖은 것이 없다

이향숙

괜히 설레고
괜히 기다려지고
괜히 그 집 앞을 서성거리고
안 그런척해도 미소가 절로 난다

표현하지 못했던 말들을 수줍게 쓰는 편지
읽어보면 유치하지만 그게 진심인걸
새삼 붉어지는 얼굴 들킬까 겁나
그의 앞에서만 예쁘게 웃고 싶다

식상한 말들로 그에게 관심을 갖고
그의 취향에 맞춰 이것저것 선물도 골라본다
주지 못한 마음 집 앞 우편함에 살짝 넣고 오길 몇 번
서툰 마음이지만 그게 사랑이라는 걸 알아줄까

개망초 한 다발 꺾어 안겨주는 손 부르르 떨리고
마주치지 못해 피하는 눈길
부끄럼타는 붉은 그의 목덜미에 시선이 가고
마음을 들킨 그는 그제서야 내 눈을 바라본다

같은 음식을 먹고
같은 색깔로 맞추고
같은 음악을 들으며
같은 생각을 한다

마음이 통하지 않을 때는 투정도 부려보지만
이내 헤아려주고 보듬어준다
사랑을 하면 바보가 된다는 노랫말처럼
사랑에는 점잖은 것이 없나 보다

『너 죽어』

박가월

『너 죽어』
하는 말이 섬뜩한 질곡이지만
서로를 사랑하면서
좋아서 반항할 때
그대는 엽기적 익살로
사랑을 듬뿍 담아 던진 말이다.

『너 죽어』
하는 말에 화낼 수 없는 것은
사랑하면서 발생한
시위 아닌 덧정이
애증의 덤으로 얻은
사랑해서 생긴 투정이다.

『너 죽어』
하는 말이 앙탈의 애교이지만
죽어도 좋을 만치
그대에게 내맡기고 싶은
사랑에 취해 버려
불살라도 좋을 아름다운 말이다.

비 오는 날 술 다섯 잔

김영철

그리워서 한잔
외로우니 한잔 더
잊으려고 한잔
못 잊으니 한잔 더

그러다가
그러다가
아 !
꿈속에서
맞잔.

담쟁이

이경란

외로운 사람 모이라고 누군가 전보를 보냈단다.
외로운 것이 사람뿐이랴

올림픽 대로변 방음벽을
박박 기어오르는 담쟁이는
악착같이 붙어서 사람 속으로 가려 한다.
세상의 검은 때를 싹싹 씻어 내리는 강물과
질주에 질주를 더하는 자동차의 매연으로부터
벗어나
자신을 밀어낸 세상 속으로 가고 싶다,
사람 냄새가 그리워 다시는 떨어지지 않으려고.
무릎이 까지는 것도
손톱이 빠지는 것도
자신이 죽어가고 있음도 모르고
악착같이 담을 넘어 세상 속으로 들어가려 한다,
밀어내는 사람들 속으로.

세상 속 라이브 카페에서 기타를 치고 싶다,
그대를 부르며 어울려 살고 싶다.

<시집 「오늘 빼꾸기가 울었어」 중>

보자기

고청명

어릴 적 동심이 골목을 누비던 날
보퉁이 손에 쥐고 오시던 외할머니
마룻바닥에 보퉁이 펼쳐 벌리시면
고소한 참기름 내 집안에 진동했지

명절이라고 어른들 선물흥정 나선 길
한복 고옵게 차려입고 미소 띤 점원은
작은 정성이나마 마음마저 담을 줄 알아
고운 보자기로 예쁜 매듭지어 주었지

무엇이든 담아 감쌀 수 있는 보자기
무엇이든 덮어 가릴 수 있는 보자기
그러나 그 무엇이란 것이 지닌 가치는
그것을 담고 덮는 보자길 달리했지

이것저것 편히 담고 덮던 무명보자기
아주 귀한 그 무엇을 위한 비단보자기
이렇게 보자기는 용도와 형태는 같아도
담고 감싸여질 것에 따라 질이 달랐지

이제 가만 보아 비 내리는 창가에 앉아
무엇이든 담고 덮을 수 있는 사람들을
난 뭘 보자길까 생각하다 한 여인을 보네
예쁜 꽃 고웁게 수놓아진 비단보자기를

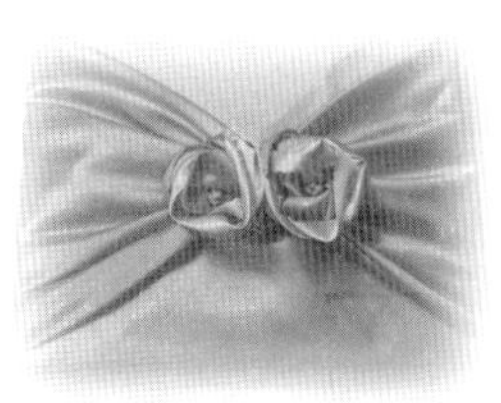

슬픈 냄새
–고 천상병 시인 부인 목순옥 여사 부고를 받고

유미란

그녀가 병실에서
마른 풀잎으로 눕던 날
부엌 창밖으로
저녁밥 익는 향긋한 냄새 간 곳 없이
갓 피워 올린 누런 담배 냄새
빗방울 상처 내며
몽글몽글 슬프게 올라오고 있었다

빈 뱃속
누가 또 밥 대신
연기로 쓰린 속 채우고 있는구나

저만치 날아가는 뿌연 근심 사이로
작은 새 한 마리
빗속 헤치고 가날프게 날아오르다

산은 그러하더라

강희창

산은 올려주고 내려주는 일에 익숙하다
삭히고 곱씹어 다진 마음, 거기 서 있기 위해
채워서 충만하고 넘쳐야 했다
때로는 영감을, 때로는 꿈을

산에 들 때는 세상 생각은 두고 가자
그것은 택시에 두고 온 우산 같아서
있어도 되고 없어도 되는 것이니
산에서 얻은 것만으로도 충분하지 않은가

앞서거니 뒤서거니 오르내리는 믿음들
안에 것 다 부려 놓은들 어떠하며
밖에 것 가득 채워간들 어떠하랴
산은 그러하더라

산 것과 죽은 것을 다 받아주고
놓아야 할 것과 취해야 할 것을 가려주니
살아가는 지혜와 힘을 골고루 품고 있더라
산은 내내 그 타령이더라

수험생

이 영

꿈과 자유를 저당 잡은
마법의 성

거대한 무덤 속에는
올빼미의 눈처럼
노오란 불빛만
꾸벅꾸벅

자정이 가까워질 즈음
하루 일과에 지친
집안의 기둥들은
커다란 희망을 가슴에 품고
높은 하늘에 떠있는
별 하나 찾으러 온다

어둠의 언덕을 넘어
나라님보다
더
귀한 상전을 뫼시러

花蛇(화사)

김낙필

서정주님의 花蛇는 아니다
그냥 아름다운 사악(邪惡)
사향(麝香) 그윽한 뒤안길도 아니다
그저 사람 몸뚱이
슬프지도 않고 즐겁지도 않은 육체
혀도 한 갈래 사타구니도 한 갈래
아름다운 香에 갇힌 소리 없는 풍경 같다
둘둘 말아 녹이듯
교태는 꽃을 비벼 누른다
정신 놓은 채 붉은 아가리로 들어간다
아~ 흐드러지게 핀 花門

바다로 가는 기차에서

김영철

그리움 하나로
숨이 차
모자 깊게 눌러 쓴 나를
구름 뒤에 있던 달은
어찌 알고 찾아오나

주먹 돌 풍덩 던져
쫓아 내려 하면
둥글게, 둥글게
자꾸
커져만 간다

아! 나는 지금
야간열차 잡아타고
그리움에 쫓겨
그리움 속으로 떠난다

등걸잠* 한숨 자고 나면
난바다* 이련만

창가에 앉은 달이
묵은 앨범 꺼내 들고
떠날 줄을 모른다.

*등걸잠-옷 입은 채로 덮개 없이 아무 데나 쓰러져 자는 잠

*난바다-먼, 큰 바다

그대에게 있어서 나는 · 2

윤인환

살다 보면
누군가를 그리워하게 되나 봅니다

슬퍼할 때
어깨를 두드려준 사람들이 그렇고
외로워할 때
녹차 향기처럼 따뜻한 말 한마디 건네준 사람들이 그렇고
찬바람 시려 오는 사랑에 목마를 때
가슴을 안아준 사람들이 그리워지나 봅니다

그러나 나는,
그대에게 있어서 그리운 존재가 아니길 바랍니다
아니,
단호히 손 저어 거절하고 싶습니다
바라건대,
삶의 길목에서 언제고 만날 수 있는
그저 편한 친구로 기억되길 간절히 바랍니다
차라리 내가
그리워하는 편이 나을 듯싶습니다

누군가에게
그리움의 대상이 된다는 건
상대편에게 있어선 죽을 때까지
골 깊게 가슴 저미는 아픔의 시작이란 걸
너무도 잘 알고 있기 때문입니다.

동무들아

전성재

세상아 가거라 그리움만 남거라
소쩍새 지저귀는 어린 날 이 언제드냐

눈 한번 깜박이니 내 청춘 흘러가고
동구 밖 언덕배기 진달래꽃 그리워라

이제 와 돌아보니 그 시절 꿈만 같아라
친구들아 동무들아 어디서 무얼 하니

이제라도 다시 만나 옛 시절로 돌아가
두 손 모아 소망 빌고 어깨동무해보자.

스트레스

강희창

도시에서 먹고살라치면
부딪히는 일이 날로날로 늘어가매
　　자동으로 항전주의보 발령;
내 몸은 독기를 제조하기 시작한다
가시가 안으로 자라나서는
자칫 내가 다치기도 하는 독기毒氣
필경 밖으로 돋을라치면
남에게는 치명적일 텐데
이거야말로 살기다
나라도 살아야겠다는 살기煞氣,
시퍼렇게
돋친다.

처서處暑

유미란

몸에 소름 돋은 강아지풀
귀뚜라미 소리에 잠 설쳤나
얼굴이 푸석하다

윤곽이 뚜렷한 구름
아침부터 창가로 몰려와
내 마음 날아오르게 하고

구름 사이 낮달
거기 왜 문신처럼 찍혀
발 동동 구르게 하는가

물속같이 깊은 허공 속으로
손을 넣어 더듬어 본다
낮달이 잡히는지
출렁이는 붉은 그리움이 잡히는지

손끝으로 구름 한쪽을 오려
가슴에 여백으로 걸어 놓는다

빈집

이경란

온몸 욱신거리고 쑥쑥 쑤셔대는 사립문 사이로 바람이 드나든다. 알맹이, 껍질 모두 다 벗겨 내가고 먹어도 먹어도 채워지지 않는 빈 가슴만 남은 엄마는 묵정밭 호미질 하다가 팔다리가 삭정이로 남았다. 수수깡 얼기설기 이어 놓은 낡은 집 배관 잘못된 하수구에는 여기저기 구멍이 났고 우물도 말라붙어 한 방울의 물도 흐르지 않는다. 서까래 주저앉은 처마 밑 여기저기엔 거미줄만 무성하고 숭숭 뚫린 배수구 사이로 찬바람이 둥지 틀고 산다.

<시집 「오늘 뻐꾸기가 울었어」 중>

시클라멘

전성재

수줍고 편안한 사랑 시클라멘

우아한 꽃대 올리며
뭐가 그리 미안한지
고개 숙여 정성 다하는 모습

목련 꽃처럼 하이얀 속살
남김 없이 바치는 그대는
천상 여인이다

포근한 미소 지며
날 부르는 모습

단번에 사랑 휘어잡는 마력은
태생학적 이유 있겠지만
오랜 시간 갈고 닦은
여인의 정성일 것이다

쳐다만 봐도 안기고픈 그대
진한 향기 없지만
아름다운 모습은
날씬한 미소보다
넉넉한 사랑의 품일 것이다.

샹그릴라(Shangri-la)*를 꿈꾸며

고청명

오염된 세상 그 어데 청정한 곳
이성으로 포장하고 위신으로 장식하지 않은
신이 부여한 선한 본성에 따라 나누고 베풀며
풀 향기 풋풋한 언덕 위 푸른 그늘아래 누어
세월의 향기로 머릴 감고 가슴마다 꽃을 가꾸는 곳
게서, 거짓 없는 목소리 감미로운 노래되어
너와 나의 선량한 미소로 따스한 햇살을 담고
너와 나의 베푸는 손길로 풍성한 결실을 맺어
부끄러움이 없기에 부끄럽지 않은 세상 그 어데
너와 나의 평온한 안식이 지극히 자연스러운 곳
바로 거기, 바로 거기에서 너와 더불어 뒹구네

*샹그릴라(Shangri-la):꿈의 이상향, 신비롭고 아름다운 산골짜기 또는 그런 장소를 비유적으로 가리켜 이르는 외래어이다

빈자리

이 영

겉도는 시간은
오만한 자존심 앞에
작별했다

나른한 오후
푸른 햇살에 마음이 시리다
되돌릴 수 없는
하얀 약속
굶주림에 쌓였던
어설픈 연민의 정

언제나 가시처럼 못박 힌
불량한 언어는 상처를 남겨놓고
먼저 눈물을 흘렸다

만취한 걸음은
새벽이슬을 닮아가며
미련한 습성을 끌어안고 후회한다
그 빈자리에 서서

혼자를 위하여

김낙필

오른쪽 갈비뼈 두 쪽이 금이 가서 운다. 캔버스에서 웃고 있는 붉은 여자가 손짓한다. 부러진 갈비뼈를 파내고 자기 품속에 숨으라고 유혹하고 있다. 나는 바람이므로 누구의 가슴이던 뚫을 수 있다, 스며들 수 있다.

캔버스 여자는 그걸 모르나 보다. 손톱 속으로 핏물이 들었다 오일물감을 바르다 스며든 흔적이다. 후벼 파봐야 살만 아프다. 시간이 가면 상처처럼 깎여 나갈 것이다. 여기는 샤갈의 화방, 가래 끓는 소리와 매캐한 삼밭 연기와 독한 고량주와 마작 패 부딪히는 소리가 그림을 그린다. 침울한 색깔로 도배된 침실, 거친 숨소리가 서로에게 위안이 되고 옷을 벗고 옷을 입는 우주의 탈의실, 영혼은 놓아주거나 버리거나 상관없는 말초의 나라. 손톱 끝에는 불난 흔적이 보인다. 붉거나 검거나 푸르거나 상관없을 둔부를 그리기는 쉽다. 흉부를 그리기가 어렵다. 표정은 두 바퀴 반을 돌려놓는다. 뒷모습을 그리기 어렵듯 사타구니 그리기도 어렵다. 문질러 버리고 만다. 엎어놓거나 제쳐놓거나 마주 보거나 무릎 꿇거나 피사체는 말이 없다. 내 감정이 말할 뿐이다. 죽이거나 살리거나 뛰어들거나 빠지거나 미치거나 내가 행동할 뿐이다. 온종일 Lili Ivanova가

Kamino를 부른다 은밀하게 Re-Play... Re-Play.. Re-Play... 식은 김치찌개와 김빠진 소주가 쟁반 위에 황량하다. 여기는 샤갈의 방, 허구의 침실, 허방의 나라, 화가들은 푸른 모자를 쓰고 춤을 춘다. 붉은 소매 위로 작은 새 하나 푸드덕 날아든다. 여기는 비릿한 밤꽃냄새가 진동하는 돌아갈 수 없는 빙벽 끝.

이별은 너무 쉽다. 가던 길을 조금만 틀면 그만이다. 목이 길면 뒤돌아보기가 쉽다. 갈림길에선 자라처럼 목을 숨기고 가야 한다. 목덜미가 길면 숨통을 물리기 십상이다. 동정은 금물 돌아설 줄 알아야 가는 길이 편해진다. 혼자를 위하여……

안개

이향숙

뿌옇고 커다란 기운이 내 몸을 감싸고,
허리 아래에는 벌써 저당 잡혔는지
걷는 발은 허공을 디디고 있다.

손으로 휘저어 보지만,
잡히지도 않는 것이 왜 그리
무겁게 다가오는지
밀어내고 싶지만,
무언의 대화에 난 짓눌리고 만다.

바람이 불면 회오리를 일으키다가
신기루처럼 솟은 나무 가지를
불쑥 불쑥 갖다 대는 바람에
난 상처를 입기도 한다.

메아리까지 먹어 버렸는지
안개는 더욱 부풀려지고,
몸이 이끌리는 대로 가다 보면
낭떠러지에서 낭떠러지에서
결국은 내 눅눅한 잠을 깨운다.

사랑하다 헤어지면 눈물이 난다

박가월

사랑하다 헤어지면 눈물이 난다
사랑하지 않던 예전으로 돌아간 것인데
무슨 사연이 쌓였는지 눈물이 날까
아름답고 즐거운 날이 많았는데
약속하고 서러워 미워서 눈물이 난다
모르고 살 때는 아무렇지 않다가
그대를 알고 가슴이 콩닥콩닥 뛰면서
기쁘고 황홀한 사랑을 얻었는데
사랑에 슬픔이 들어 있는 것일까
사랑이 올 때는 조마조마 안달하다가
잃은 것보다 얻은 것이 많은데
헤어질 땐 즐겁고 기쁜 것만 생각나는데
사랑하다 헤어졌는데 눈물이 난다.

4부

아름다운 삶의 이야기

비 오는 날
술 다섯 잔

산부처

류준열

가뭄에 콩 나듯 듣는 말이 '산부처'나 '생불(生佛)'이다. 살아 있는 부처란 뜻으로 원래 수행이 높은 스님을 일컫는다. 티베트의 '달라이라마'는 현재에도 생불로 추앙받고 있다.

속세에서의 산부처는 선행을 많이 하거나 순박한 사람을 칭송할 때 간혹 사용하는데 주위에서 이런 말을 듣는 사람은 매우 드물다.

일상생활 가운데 산부처란 말을 할 때, 수행이 깊은 스님이나 착한 사람의 이름이 나올 줄 기대해 보지만, 예상과는 달리 특정한 사람의 이름이 아니라 자신의 심정을 나타내기 위해 가족을 가리키거나 보통사람을 일컫는다.

병들어 거동이 불편한 혈육이나 친지를 간호하는 사람이 환자를 산부처라고 여기며 돌본다는 말을 들었을 때, 그 사람에 대하여 대단하다고 감탄하며 절로 머리가 숙여진다.

산부처가 따로 있는 것이 아니라 오히려 자비로운 마음으로 환자를 돌보는 사람이 산부처란 생각이 들었다. 환자를 돌볼 때 보통사람으로는 자비롭고 공경스러운 마음가짐으로 간호하기가 쉽지 않다. 환자를 돌보며 힘들어하고 짜증을 안 내면 그나마 다행이다. 삼 년 부모 병간호에 효자 없다는 말이 전해지듯 거동이 불편한 중환자를 돌보는 일은 예사 일이 아니다.

일상생활에서 주고받는 말에는 말하는 자신의 의식이 반영된다고 한다. 말하는 사람의 의식세계와 됨됨이가 말에 녹아들어 있다고 할 수 있다. 산부처란 말을 쓰는 사람은 평소 어떤 대상을 산부처로 생각하고 바라보며 살아왔다고 보면 틀림이 없다. 그 사람에 대하여 평소 선입관이나 편견에 의해 됨됨이를 판단해 산부처란 말에 새삼 그 사람을 다시 보게 된다.

그런 사람을 떠올리면 가슴 한구석 훈훈해지며 말을 하는 사람의 상황이나 처지, 됨됨이가 아름답게 다가온다. 내 스스로를 되돌아보는 계기가 되기도 하고.

상대방에 대한 좋지 못한 감정이나 편견 때문에 아량을 보이기보다는 상대를 무시하고 적대시한다. 상대의 말을 귀담아듣기는커녕 비방하고 질책한다. 상대방을 보고 더불어 같이 살아가야 한다는 따스한 마음보다 상대를 깔아뭉개고 제압해야겠다는 살벌한 마음이 넘치는 게 우리가 살아가는 오늘의 현실이다. 이런 현실에서 역지사지(易地思之)의 자세로 상대를 존중하고 배려하는 삶을 살며, 상대를 산부처로 여기며 살아가는 사람을 보면 절로 가슴이 따뜻해진다.

각박한 세태에서도 자비심으로 삶을 묵묵하게 살아가는 사람이 우리 주위에 이외로 많을 것이라고 본다. 다만 드러내지 않았을 뿐이지.

(2009. 10. 04)

관(觀) 142-아마데우스

류준열

1.

천상(天上)의 선율(旋律), 주옥같이 아름다운 오페라, 환호성 지르며 열광하는 관객(觀客), 짧은 삶의 흔적, 이승에 남겨두고 비엔나 슈테판 성당 장례식장에서 어두컴컴한 공동묘지로 가는 길, 주검 실은 수레바퀴 덜커덕덜커덕 굴러가고 있다. 수레 뒤 조문객(弔問客) 누구 한 사람 따르지 않고 홀로 북망산(北邙山) 가는 길, 짙어 오는 어둠에 싸여 스산하게 부는 바람 소리 들으며 가는 길, 올 때도 혼자이듯 갈 때도 혼자 쓸쓸히 가는 길.

매장의식(埋葬儀式) 하나 없이 수레 위 주검 어둠에 둘러싸여 큰 구덩이 속으로 폐기물처럼 내팽개쳐지며 떨어져 내리다. 다른 주검들 속 아무렇게나 섞여 영원(永遠) 속으로 들다.

2.

아마데우스의 허전하고 쓸쓸한 북망산 가는 길 떠올리며, 녹색으로 치장한 평원과 울창한 숲, 오밀조밀하게 펼쳐진 마을 지나, 아마데우스 태어나고 자란 '소금의 성' 짤츠부르크에 가다.

울긋불긋 꽃으로 수놓은 미라벨 정원, 산등성이 우뚝 솟은 호헨 짤츠부르크 성, 검붉은 물 출렁거리며 굽이굽이 흐르는 짤자흐 강, 뾰족한 첨탑과 호화찬란한 조각 새겨진 짤츠부르크 대성당, 우아하고 예스런 멋 풍기는 로마식 건물 즐비하게 늘어선 게트라이데 거리, 4층 노란색 건물 하나 만나다.

손길 묻은 피아노와 바이올린, 숨결 스민 악보(樂譜), 가족 초상화, 자신의 마음 담긴 서신(書信), 아마데우스 살아생전 사용한 물건 남아 있는 노란색 4층 생가(生家) 앞에서 탄생과 죽음 되뇌어 보다. 자기 앞에 주어진 삶의 나날들 짧든 길든, 무심하게 흐르는 세월 지나고 나면 생사(生死)는 한순간이라고.

3.

오페라 인형극 '돈 지오반니' 공연장 무대 위, 날아갈 듯 산뜻하고 멋들어진 옷차림, 우스꽝스럽고 경박한 몸짓, 감미로운 선율 빚어내는 능수능란한 손짓, 귀족들 둘러쓰는 꽁지머리 은색(銀色) 가발, 해학(諧謔)과 기지(奇智) 번뜩이는 눈동자, 이백 여년 세월 뛰어넘어 현세(現世)에 환생(還生)하여 동서양 남녀노소 관객 휘어잡고 있다.

*아마데우스 ; 모차르트 이름이면서 밀로스 포만(Milos Forman) 감독의 영화.
*볼프강 아마데우스 모차르트 ; 천재 음악가. 1756년 오스트리아 짤츠부르크에서 출생하여 1791년 사망.
*동유럽 6개국 기행(독일, 오스트리아, 헝가리, 슬로바키아, 폴란드, 체코. 2009. 08. 01-12.)

(2009. 10. 09)

관(觀) 144-다뉴브 야경(夜景)

류준열

1.

물의 땅 '부다'와 불의 땅 '페스트' 사이로 흐르는 다뉴브에는 두 지역 경계 허물고 서로 이어져 '부다페스트' 도시 탄생시킨 '세체니'다리가 놓여 있다. 밤이면 다리는 다뉴브 양안(兩岸) 불빛 서로 만나 하나가 되는 화려하고 거대한 불꽃 길 된다.

그 길 걷다 보면 자신도 모르게 찬란한 불꽃에 휩싸여 황홀함으로 타올라 밤하늘 별빛처럼 황금빛으로 물든다.

2.

찬란한 불꽃에 쌓여 물결 위에 떠있는 우아한 세체니현수교(懸垂橋) 뒤로 하고, 화려한 불 밝힌 큼지막한 밤 배에 오르다.

살랑거리며 불어오는 밤바람 안고 사방에서 쏟아내는 불빛 부딪혀 반짝이는 은파(銀波) 헤치며 미끄러지듯 나아가다.

밤하늘 높게 떠서 머리 위로 따라오는 둥근 달, 오색 등불 켜고 흥겨운 음악 울리며 앞서거니 뒤서거니 수면 위 미끄러지며 지나가는 밤 배, 옆으로 줄줄이 다가왔다. 멀어지는 휘황한 불 밝힌 크고 작은 서구식 건축물, 밤하늘 수놓으며 울리는 왈츠 가락, 덩달아 춤추는 듯 넘실거리는 물결, 다뉴브의 밤은 자연과 인간이 공존하며 연출하는 거대한 오페라 무대다.

3.

수백 년 전부터 최근세까지 이민족(異民族) 치하에서 억압받으며 피폐(疲弊)하게 살아온 곤고한 역사, 다뉴브 물결은 알고 있는지 모르고 있는지.

무심하게 흘러가는 물결 바라보며 '부다페스트 소녀의 죽음' 떠올리다.

다뉴브 물결은 '요한 스트라우스'의 경쾌한 곡 따라 추는 왈츠다. 아니 다뉴브 물결은 슬픈 역사 반추(反芻)하며 추는 구성진 한마당 살풀이다.

*세체니 다리 : 헝가리 다뉴브 강에 놓인 8개의 다리 중 가장 아름다운 다리.
*부다페스트 소녀의 죽음 : 김춘수 시인의 시. '죽어서 한결 가비여운 네 영(靈)은/ 감시의 일만의 눈초리도 비칠 수 없는/ 다뉴브 강 푸른 물결 위에 와서/오히려 죽지 못한 사람들을 위하여 소리 높이 울었다.'
*요한스트라우스 2세 : 오스트리아 작곡가. 왈츠의 황제.
*동유럽 6개국 기행(독일, 오스트리아, 헝가리, 슬로바키아, 폴란드, 체코. 2009. 08. 01-12.)

(2009. 10. 21)

그리움과 기다림

이병헌

긴 회의가 끝나고 회의실을 벗어나 자신의 자리로 돌아와 앉았을 때 그의 주머니에 머물러 있던 휴대전화에서 진동이 일어 깜짝 놀라 확인을 해보니 알지 못하는 전화번호가 액정에 나타났고 그는 잠시 주저하다가 폴더를 밀었다. 허스키한 남자의 목소리로 그에게 택배가 왔으니 한 시간 후에 전달이 될 것이라고 전해준다. 그는 피식 웃으면서 문협 이사장 선거가 가까워졌으니 이사장에 출마할 누군가가 책을 보내줄 것이라는 생각을 했다. 벌써 이십 여권 그의 집과 직장으로 배달되어와 그의 누나는 처치를 곤란해 하면서 자신의 친구가 운영하는 북 카페에 그 책을 가져다주어도 되는지를 물어보았고 그는 그렇게 하라는 말을 하다가 안 된다는 말로 바꿀 수밖에 없었다. 그 이유는 책을 보낸 사람들의 친필이 자신의 이름과 함께 머물고 있었기 때문이었다. 북 카페에 오는 사람들에게 자신의 존재에 대해서 알려질 수도 있다는 소심한 생각이 때문이었다. 공문 하나를 작성하고 전자 결재를 올린 후에 누군가 문을 열고 들어왔다. 그는 택배회사의 직원이라고 생각을 했고 건네주는 택배를 책상 위에 올려놓았다. 나중에 확인해 보려하다가 택배를 보낸 사람의 이름을 확인하고 갑자기 졸린 오후

가 깨어나면서 순간적으로 정신이 번쩍 드는 것을 느꼈다.

도서관에 가서 리포트 작성을 끝내고 나오면서 자판기에서 커피 한 잔 뽑아 마실 때 우연히 만났던 은주는 바삐 걸으면서 그에게 어떤 선택의 시간도 주지 않고 속사포처럼 쏘아댔다. 같은 문학 서클에 있는 은주에게 시화전 작품을 빨리 내라는 말을 했을 때 은주는 그의 입을 막으면서 그에게 거친 말을 하기 시작했다.

"형, 이것은 아니지요. 우리들이 시화전을 하는 것이 문학을 하는 전부인 것처럼 생각하려 하면 안 될 것 같아요. 실천이 없는 생각은 이미 시대를 떠나갔다는 말입니다. 지금 우리들의 학우들이 군화 발길 아래서 신음하고 피를 흘리는데 우리들이 문학을 논한다는 것은 배고픈 사람에게 밥을 주는 것이 아니고 시집을 한 권 주는 것과 같아요. 지금 교문 앞에 우리의 동지들이 있어요. 지금 민주주의의 꽃은 피어나고 있어요. 형, 오늘 함께 해요. 만약 오늘 형이 함께하지 않으면 앞으로 형 안 볼지 몰라요. 형은 한 번도 민주화를 외치는 대열에 참석하지 않았잖아요. 물론 형이 복학생이라 이해는 가지만 그래도 오늘은 함께해요. 형의 양심 속에 잠자고 있는 민주주의를 살려내야 해요."

은주는 말을 끝내자마자 그의 손을 잡고 뛰기 시작했다. 이미 그들은 교문을 통과해서 백 미터는 앞으로 진행하고 있었고 그들의 입에서는 '민주주의 살려내자!'를 외치고 있었다. 그는 그녀를 따라서 구호를 외치고 함께 스크럼을 짜고 있었다. 며칠 동안 최루가스가 캠퍼스로 날아왔지만, 그는 자신의 눈앞에 매달린 시험을 위하여 준비해야만 했다. 대학 등록금을 댈 수 없어 휴학을 했고 군 생활을 마친 후에 몇 달 동안 공사장에서 막노동을 하여 번 돈으로 등록금을 겨우 내었던 기억이 그를 누르고 있었기 때문이었다. 당장 다음 학기 등록금을 낼 돈이 없어 그가 등록금의 무게에서 안전하게 벗어날 수 있는 방법은 바로 장학금이었다. 그의 과에 배정된 장학금은 전액 장학금과 반액장학금이 있는데 최소한 반액 장학금은 그의 것으로 해야만 했다. 방학이 되면 어떻게 해서 등록금을 벌어야 했기 때문이었다. 그의 학과에는 여학생들이 2/3는 넘었고 학과 특성상 장학금은 대부분 여학생들의 몫으로 돌아갔기 때문에 수단과 방법을 가리지 말고 좋은 학점을 따야만 했다. 그런 현실이 그에게 국가 현실에 눈을 감도록 했지만 은주의 말을 들으면서 더 이상 비겁해지는 것은 스스로에게 용납될 수 없다고 생각되었다.

최루가스에 눈물을 흘리면서도 민주화를 노래하면서 민주화를 외치면서 스크럼을 짜고 교문 밖으로 수백 미터를 전진했다. 그는 그들과 하나가 되었다. '민주주의 살려내자. 우리한국 살려내자' 그의 입에서 함께하는 구호가 흘러나왔고 옆에 있는 은주의 입에서도 같은 구호가 흘러나왔다. 잠시 앞으로 전진하고 있을 때 순간적으로 고요해졌다. 전쟁 직전의 고요였는데 잠시 후 마이크를 통해서 그들 앞에 진을 치고 있던 경찰이 그들에게 최후의 통첩을 하였다. 하지만 그들은 더 힘을 얻어 앞으로 나아갔고 경찰은 최후통첩으로 모든 것을 다 했다는 듯 페퍼포크에서 지랄탄을 쏟아 부었다. '펑'소리가 나더니 최루탄이 터졌고 하나가 되었던 스크럼은 무너졌다. 스크럼이 무너지자 경찰은 떼를 지어 몰려들었고 그들은 누가 뭐라고 말을 하지 않았지만, 학교 앞의 여기저기 골목길과 옆에 있던 산으로 뛰어갔다. 눈물이 흐르고 따가워져 눈을 뜨기도 어려웠으니 그들을 쫓아오는 전경을 피해 흩어지는 수밖에 없었다. 그들의 몽둥이와 발길을 경험해 본 사람들은 일단 그 자리를 피하는 것이 최상이라는 것을 알았기 때문이었다. 흩어지는 과정에서 그는 누군가의 발길로 허벅지를 맞았고 순간적으로 아스팔트 바닥에 넘어져 무릎과 허벅지를 다쳤다. 하지만 그는 살기 위해서는 뛰어야만 했다. 큰길에서 작은 골목으로 찾아들었고 산으로 향하는 길을 달리다가 비명소리에 뒤를 돌아보았다. 은주가 전경에 쫓기고 있었다. 그는 생각할 겨를도 없었고 순간적으로 달려들어 전경에게 이단옆차기로 한 대 먹인 후에 은주의 손을 잡고 산속으로 뛰어들어갔다. 헉헉대며 산길을 달리다가 그의 학교와 연결된 산길을 만났고 그제야 주위를 돌아보았다. 5월의 초록빛 세상이 그의 앞에 펼쳐져 있었지만, 그의 몸은 상처투성이였다. 그는 그제야 손을 잡고 있던 은주를 보았다. 은주는 아무 말을 하지 않았고 눈짓으로 상태를 물어보았다. 은주는 괜찮다는 말을 하면서 피를 흘리는 그를 안쓰러운 눈빛으로 바라보았다.

그들이 올라갔던 산길에서 다시 학교로 내려가기 시작했다. 그가 학교 뒷산은 잘 알고 있었다. 3월 말에 복학을 한 후 돈이 없어 방을 마련하지 못하고 며칠 동안 생각하다가 기발한 생각이 났는데 바로 학교 뒷산 도서관 뒤에 텐트를 치고 살면 어떨까 생각을 했고 그것은 즉각 행동으로 이어졌다. 한 시간 만에 지은 두 평짜리 집이었다. 너럭바위 위에 텐트를 치고 살고 있는데 그곳이 바로 그의 집이었다. 그곳은 이미 그의 과 선후배나 동기들에게 알려져 있어 집에 도서관에서 공부를 하고 집으로 가지 못한 친구들이나 후배들이 찾아와 하룻밤을 보내곤 했다. 그곳에서 밤을 보낸 친구들이나 후배들은 그에게 쌀도 가져다 주고 라면도 사다 주었고 무엇보다도 그의 열악한 환경을 부유하게 만드는 김치를 가져다주었다. 가끔 소주나 막걸리를 사오는 방문객이 있어 그의 집에는 술이 떨어지지 않았다. 그렇다고 그곳이 술집이 되거나 갈 곳 없는 사람들이 꼬여 들지는 않았다.

은주는 너럭바위 옆에 있는 샘물로 세수를 하고 손발을 씻은 다음 그를 바라보았다. 그는 온몸이 쑤셔오는 것을 느꼈지만 은주의 맑은 모습을 보니 참을 만했다. 한참 동안 아무 말을 하지 않았다. 그 자신도 얼굴과 손발을 씻었다. 몸에 큰 상처는 나지 않아 다행이었으나 그는 몸이 쑤셔오는 것을 느꼈다. 한참 동안 아무 말도 하지 않고 있다가 은주의 머리칼을 보았을 때 갑자기 배가 고파오는 것을 느꼈다. 그가 창고를 뒤져보았는데 라면이 두 개 있고 쌀도 아직은 며칠 분은 남아 있음을 다행이라고 생각이 되었다. 휴대용 가스레인지 위에 냄비를 올려놓고 물이 끓기를 기다렸다. 아이스박스에는 학보사 기자인 복식이가 가져온 김치가 남아 있어 성찬이 되리라 생각했다. 은주는 그의 옆에서 그가 라면 끓이는 모습을 지켜보았다. 감자가 두 개 남아있어 그는 물이 끓기 전에 감자껍질을 깐 후에 갑자를 썰어 넣었다. 물이 끓자 그는 감자를 먼저 넣은 후 라면을 넣었다. 은주는 라면이 익는 냄새가 참 좋다는 말을 하면서 계속 그를 바라보았다. 그는 라면이 끓은 후 스프를 넣어 마무리하고 은주 옆에 상을 차렸다. 멸치 볶음과 신 김치가 반찬의 전부였지만 은주는 참 맛있게 먹었고 그도 역시 오랜만에 맛있는 라면을 먹었다. 은주는 꼬들꼬들한 라면을 먹으면서 말없이 웃었고 그는 꼬들꼬들한 라면이 은주의 머리칼을 닮아서 웃었다. 라면을 먹고 나서 설거지는 은주가 했다.

어둠이 찾아왔다. 산에는 다른 곳보다 어둠이 빨리 내리기 시작했다. 라면을 먹은 후에 아무 말도 하지 않았다.

'그리움과 기다림'

택배 포장지를 벗겨 내자 두 권의 책이 상자 안에 자리잡고 있었다. 두 권 모두 두껍지 않았는데 한 권은 시집이었고 다른 한 권은 수필집이었다. 그는 시집을 집어 들었다. '그리움과 기다림'은 그녀의 시집이었고, '또 다른 출발은 장마 속에서 이뤄졌다.'는 수필집이었다. 그는 그녀의 시집을 펼쳤고 제일 처음에 있는 시를 읽고 배가 아플 정도로 웃었다.

라면국물이 더 있었으면 좋겠다

어둠을 탈출한 건조주의보가
사막을 내려뜨린 내 가슴속에 가득하던 날
나는 영락없이 미아실종자 명단에 포함되어
터미널 한 귀퉁이에서 쪼그리고 앉아
지나가는 사람들을 쳐다보며
잃어버린 계절을 찾아내려 안간힘을 쓴다

희미한 불빛을 밀면서
버스에서 내린 그녀의 핸드백 속에는
사막의 어둠을 가릴 모자가 있을까?

내가 살아온 만큼의 무게가
그녀의 입술에서 뿜어낸 세상만큼 될까?

그녀가 입안에 털어 넣었던 세상은
프리즘 속의 빛이 되어
소금기 먹은 소리를 내는데
내 가슴은 왜 막막한 웃음이 되어
가당치도 않은
복권을 꿈꾸고 있는지

비릿한 세상이 한없이 꿈틀거리며
온몸에 난 상처에

이스리를 쏟아 붓는데
나는 왜
폭탄 파편에 팔을 잃어버린
저 아프가니스탄 소년의 미소보다
더 가난한 세상이 되었는가

누군가
죽음보다 더 지독한 고독은 없다고 말했는데
그 고독보다 더 무서운 것은
다 떨어져 가는 술 단지를 바라보는 것이라 했는데
술이 떨어졌어도
라면국물이 더 있었으면 좋겠는데
내가 끓인 라면은
이미 면발이 국물을 다 마셔버렸다

어둠이 내리던 산에서 먹었던
꼬들꼬들한 라면 면발을 적시며
어둠 속에서 빛나는 칼날을 녹일 수 있는
라면국물이 더 있었으면 좋겠다

그는 얼굴에 붙잡힌 웃음이 고들 거리던 그때의 라면이 생각났다. 그가 배꼽을 쥐고 웃고 있자 옆에 앉아 있던 사람들이 그에게 다가왔고 그는 그 시집을 보여주자 시를 읽은 사람들은 아무래도 그가 어디 아픈 곳이 있는지를 물어보았다. 그 모습에 다시 웃으면서 퇴근을 하였다.

"형, 자요?"
"아니, 그냥 눈 감고 있어."

"아프지 않아요?"

"괜찮아. 타박상인데 뭐. 잠을 자고 일어나면 나을 거야."

"형, 아까 미안했어요."

"뭐가?"

"그냥 형한테 못할 말 한 것 같아서요."

"아니야. 어쩌면 네 말이 맞아. 내가 복학을 한 후에 내 일에만 전념을 했던 것이 사실이야. 사실 그럴 겨를이 없었어. 이런 얘기를 해도 될지 몰라도 나는 대학을 졸업해야 하는 것이 목표야. 부모님께서 학비를 대줄 형편이 못 되니 내가 알아서 학비를 벌어야 해. 그래서 공부와 아르바이트에 전념해야만 했어. 오늘 네가 그 말을 했을 때 망치로 얻어맞은 것 같았고 고마움을 느꼈어."

"형, 혹시 숨겨놓은 술 없어?"

"하하. 한 잔 마시고 싶구나. 소주 한 병이 있어. 마실래?"

"어두운데 어떻게 마셔?"

"걱정 마라. 어둠이 짙어도 술은 입술을 찾게 되어 있어."

"호호. 농담을 하는 것을 보니 형 괜찮은 것 같네?"

"그래. 네 말이 맞아."

그는 침낭 아래에 숨겨놓았던 소주를 꺼내서 뚜껑을 제거하고 한 모금씩 마시기 시작했다. 은주는 그가 넘기는 소주병을 받으면서 한 모금 마셨다. 어둠 속에서 텐트 안에서 마주 앉아서 마시는 술은 멸치볶음과 섞여들면서 고소함으로 변해갔다.

“형, 뜻이 있는 곳에 길이 있다고 했잖아. 분명 장학금을 형이 탈 수 있을 거야. 돈 되는 아르바이트를 해봐요. 내가 이번 방학 때 과외 알아볼게요.”

“하하. 그럴 수 있으면 얼마나 좋겠니. 말이라도 고맙구나.”

“제가 책임질게요. 그것은 그렇고 형 나 문학 활동 그만둬야 할 거야.”

“무슨 소리인데?”

“언어와 행동을 일치시킬 수 없는 현실 때문이에요.”

“네가 무슨 말을 하는지 알 것 같다. 하지만 글을 쓰는 사람들이 언어와 행동을 일치시킬 의무는 없는 거야.”

“하지만 형, 말로만 민주주의니 동포니 하면서 우리나라의 아픔을 어떻게 표현하지 못하고 또 우리 형제자매들이 경찰의 발길로 채여 다치고 심지어는 세상을 떠나는 일이 있는데 우리들은 시를 써서 무엇을 하겠어요?”

“글을 쓰는 사람들이 펜의 힘으로 그들에게 경고할 수 있잖아.”

“물론 그것이 틀린 말이라고 생각하지는 않아요. 하지만 피를 흘리는 우리들의 형제들에게 미안하다는 생각이 들어요.”

"그렇다고 우리 모두가 투쟁을 할 수는 없어. 내가 이 말을 하면 비겁한 자의 변명처럼 들릴지 모르겠지만…"

"그런 것만은 아니에요. 형은 이제 막다른 골목에 와 있다는 것 알아요. 형은 그저 그렇게 글을 쓰세요. 저는 투쟁을 할 거에요. 행동하지 않는 양심은 죽은 것과 마찬가지라고 생각하지만, 형의 경우는 틀려요."

"다를 것이 없어. 나는 비겁자이고 또 행동하지 않고 펜의 힘만 빌리려하는 무능한 사람일 뿐이야."

"그것이 아니라니까요. 사람은 각자 할 일이 있어요. 행동대원이 되어서 앞서서 민주주의를 외쳐야하기도 하지만 형처럼 글로 사람들의 마음을 뜨겁게 하는 것도 필요해요. 어쩌면 그것이 더 어려울지도 몰라요. 나는 형이 가지고 있는 그것을 믿어요. 그것은 나에게 그리움과 기다림을 다 줄 거 에요. 내가 형에게 어떤 말을 하지 않고 형이 나에게 어떤 메시지를 남기지 않아도 내 영혼 속에 큰 기둥이 되어 나를 버티는 힘이 되어줄 거 에요. 형이 가지고 있는 굳건한 기둥에 나의 기다림과 그리움이 매달려 있을 거 에요. 언제가 될지 몰라도 우리는 다시 만날 거 에요."

그는 은주의 입에서 나오는 말을 들으면서 궁색한 변명을 하고 있다고 생각했다. 하지만 그가 말할 수 있는 것은 그 이상의 경계를 벗어나지 못하고 있었고 그런 자신이 미워졌다. 소주 한 병을 다 비웠을 때 은주는 그의 곁에서 누웠고 그는 두꺼운 이불을 덮어주었고 자신은 침낭 속으로 들어갔다. 몸이 지끈거리며 아파왔지만 소주를 마신 덕

분에 잠속으로 빨려들 수 있었다.

그의 작은 원룸으로 퇴근을 한 그는 돌아오자마자 대학 시절의 추억이 담긴 앨범을 찾았다. 문신처럼 그의 영혼에 남아 있는 은주의 모습을 찾아보고 싶었기 때문이었다. 그는 앨범을 넘기다가 한 페이지에 멈춰버렸다. 그해 가을 대학 중앙도서관 로비에서 시화전을 하고 있었고 그의 작품 앞에서 서 있는 은주와 그의 모습을 만나 잠시 호흡까지 멈춰지는 것을 느꼈다. 사진 속의 그는 긴 머리를 하고 있었고 은주는 긴 머리의 소녀 모습이었다. 사진 속의 시선엔 행복한 모습이 담겨져 있었지만, 그들의 뒤에 걸린 액자 속의 시는 현실을 깊게 꾸짖고 있었다.

누이

교문을 밀고 나간 누이가
숨겨두었던 언어로
민주주의를 노래하다가
무자비한 방패에 맞아 쓰러졌다

자유가 숨쉬는
대한민국 일 번지 상아탑에서
완전 무장한 사람들이
무자비하게
방패로 누이의 어깨를 찍었다

그것은

자유의 포기이고
대한민국의 목을 친 것이다

피가 공원을 적셔
자유를 붉게 만들고
누이의 어깨가
대한민국의 심장에 박혔다

그것은 전쟁이고
힘없는 젊은이들이
무자비하게 밟히는
비극의 현장이었다

그들은 아는가?

어깨에 깁스를 하고
링거액으로 메워가는
나의 누이의 아픔을

도대체 얼마나 많은 피를 흘려야 하는가?
얼마나 많은 가슴을 파내야 하는가?
엄마나 많은 형제들이 이 세상을 떠나야 하는가?

그대들은 아는가?
민주주의는 누이가 흘린 피를 마시고 커간다는 것을

그는 먹먹해졌다. 사진을 보면서 눈물이 피어나는 것을 느꼈다. 시집과 수필집에는 은주에 대한 정보 이를테면 전화번호나 주소가 없었다. 출판사로 연락을 하면 알 수 있으리라 생각했지만 그러는 것이 어쩌면 은주에게 낯선 동작이 될지도 모른다고 생각했다. 그는 갑자기 인터넷을 연결하고 검색창에 그녀의 이름으로 검색해 보았다. '김은주'에 대한 검색결과를 보았다. 영화배우, 연극배우, 대학교수, 전 국회의원으로 이어지다가 검색 끝 부분에 시인 김은주가 검색되었다. 그는 갑자기 가슴이 두근거리는 것을 느꼈다. 시인 김은주를 클릭하자 블로그로 연결이 되었다. 은주는 한 포털사이트에 블로그를 운영하고 있었는데 자신을 나타내는 단어는 하나도 사용하지 않고 순전히 시와 수필을 올리고 있었다. 게시판에 올라온 시를 읽어가면서 은주의 시 속에 자신의 모습이 투영된 여러 편의 모습을 보았다. 은주는 자신을 '부르주아'라는 단어를 사용하면서 얽어매었고 그를 '프롤레타리아트(Proletariat)'로 과대 포장을 하고 있었기 때문이었다. 그는 그녀의 시를 읽으면서 얼굴이 달아올랐다.

산속의 오월의 아침은 깊은 호흡을 하면서 안개를 뿜어주었고 전날 그에게 다가왔던 아픔은 그를 꽁꽁 묶어놓았다. 꼼지락거리다가 그의 옆에 누군가가 머물 것이라는 생각이 들자 눈을 떴는데 은주는 그의 곁을 비우고 있었다. 그는 온몸이 욱신거리는 것을 느꼈고 일어나는 것이 귀찮아 그대로 누워 있었다. 누워서 낑낑대는데 갑자기 서러움이 온몸을 두드리며 다가왔다. 눈물이 흐르면서 어머니 생각이 났지만, 온몸이 가라앉아 일어나는 것도 쉽지 않았다.

반쯤 일어나 앉으려다가 몸이 말을 듣지 않아 다시 누웠고 깊은 잠속에 빨려들어 갔다. 그가 눈을 뜨니 뜨거운 햇살이 초록빛 세상에 내리고 있었다. 몸에 붙어 있던 아픔은 좀 나아진 것 같았지만 역시 일어나기가 싫었다. 그대로 한참 동안 머물고 있는데 밖에서 웅성거리는 소리가 들려왔다. 목소리를 들어보니 문학동아리 회원들이었다. 공교롭게도 찾아온 사람들은 여학생들뿐이었으나 은주의 목소리는 들리지 않았다. 그들은 '오빠'나 '형'이라는 단어를 사용해서 그의 생존 여부를 알아내려 하였다. 그는 몸이 그리 편하지 않았고 그의 모습을 보여주기 싫었지만, 그들은 그의 생각을 뒤집으면서 텐트 안으로 몰려들어왔다. 그가 눈을 감고 아무 기척도 보이지 않자 그의 어깨를 흔든다. 그는 그대로 있을 수 없다는 것을 느끼고 눈을 떴다. 그들은 일상적인 안부를 물었고 그들이 가져온 물건들을 아이스박스에 넣었다. 그리곤 말 한마디 하지 않았는데도 밥을 하기 시작한다. 한참 동안 소란을 떨더니 그의 방안에 신문지가 깔리고 그 위에 상이 차려졌다. 그는 손목시계를 보았다. 네 시가 가까운 시간이었으니 하루 종일 밥을 먹지 않고 누워 있었으니 배가 고팠다. 그들은 전날 그가 은주를 구해줬다는 말을 하면서 그를 흑기사로 만들고 있었다. 물어보지도 않았는데 은주는 집에 들어갔다가 부모님께 붙잡혀 K병원에 입원 중이라는 말을 해주었다. 그는 다행이라고 생각하면서 아무 말도 하지 않았다. 그의 입에서 나올 수 있는 말이 변명을 담은 거추장스런 언어가 될

것임에 뻔하기 때문이었다.

그날 아침에 그들이 그에게 남겨준 그에게는 꽤 어울리지 않는 '전사'라는 단어를 생각했다. 가당치 않은 단어이고 굉장히 무거운 단어가 되었다. 어둠이 찾아올 때까지 그는 그의 텐트 안에서 몸을 뒹굴면서 머물고 있었다. 어디가 부러지거나 큰 상처가 난 것은 아니지만, 몸에 난 타박상과 여기저기 훈장처럼 붙어 있는 상처 그리고 욱신거리는 몸은 그를 하루 종일 누워있게 하였다. 산을 급습해 오는 어둠을 틈타 그는 학교를 벗어나 K병원으로 향했다. 버스를 타고 서 너 정거장 지난 후에 병원 앞에 버스가 멈췄고 그는 버스에서 내려 잠시 걸어서 병원으로 걸어갔다. 병원 입구에서 입원 환자의 명단에서 '김은주'라는 이름을 확인하고 707호에 입원해있는 것을 확인했다. 그는 입원한 환자를 방문하면서 그대로 가는 것이 적당한 것이 아니라 생각하고 병원 앞에 있는 꽃집에서 튤립 한 다발을 샀다. 그리곤 다시 현관으로 와서 엘리베이터에 올랐다. 잠시 후 엘리베이터는 7층에 멈췄고 그는 화살표를 따라서 은주가 머물고 있는 공간을 찾았다.

병실에 방문하면서 문을 두드려야 할지에 대해서 애매하다고 생각을 하는데 그럴 필요가 없었다. 간호사가 707호에서 나왔고 그는 열린 문을 통해서 안으로 들어갔다. 그는 병실을 돌아보면서 깜짝 놀랐다. 병실이라는 생각이 나지 않는 호텔의 객실 같은 느낌이 들었다. 쉽사리 그가 접근할 수 없는 영역으로 느껴졌지만, 그의 앞에 누워있는 은주를 발견하고 온몸에 돋아나오던 낯선 풍경이 녹아들었다. 은주의 왼손에는 링거줄이 매달려 있었고 약간 피곤한 모습을 한 은주는 그를 보자 환한 웃음을 지으면서 그를 맞아주었다.

"형, 어떻게 왔어?"

"응, 아침에 동아리 아이들이 와서 네 소식을 알려줬어."

"아, 그렇구나. 나오다가 영희 만났는데 영희가 소문을 내었나봐. 형, 아무 말 없이 나와서 미안해. 잠에 취해있는 형의 모습을 보니 그대로 놔두는 것이 좋을 것이라 생각했어. 그리고 곧장 집으로 들어갔는데 엄마가 나를 보자마자 병원에 입원시켰어. 미안해. 병실을 들어서는 형의 모습을 보면서 나도 무척 미안했어."

"아니야. 부모님의 입장에서는 가능한 좋은 환경에서 자식이 치료를 받기를 원하니 그럴 거야. 나 이해해."

"형의 말이 진심이라고 생각하지만 나는 나 자신이 용납이 안 되었어. 그래서 내일 퇴원한다고 선포했어."

"근데 몸은 괜찮니?"

"형 걱정이나 해라. 침대에 누워 있어야 할 사람은 형이잖아."

"무슨 소리야. 나는 건강하고…"

"형, 그렇게 말하지 않아도 되잖아."

"그건 그렇고 네 걱정 많이 했는데 고맙다."

"뭐가 고마워?"
"이 정도로 괜찮은 것이."

은주는 아무 말도 하지 않고 눈물을 삼키고 있었다. 그는 은주를 바라보면서 미안하다는 생각과 참 예쁘다는 생각이 한꺼번에 교차해오는 것을 느꼈다. 잠시 눈물을 닦아주었다. 그가 휴지를 휴지통에 버릴 때 중년의 남자가 방 안으로 들어왔고 그 사람 뒤에는 얼굴에 은주의 모습이 담긴 여자가 서 있었다. 은주는 그를 소개했고 은주 아버지는 그에게 손을 내밀면서 입을 열었다.

"자네가 우리 은주 구해주었다는 말 들었네. 참 고맙네. 자네도 몸이 안 좋을 것 같으니 입원하도록 하는 것이 어떨까?"
"저는 괜찮습니다. 이렇게 몸이 개운합니다."
"그래도…"
"아버님, 누구라도 어제 상황이었으면 은주를 도와주었을 것입니다. 그러니 제가 특별히 한 일은 없답니다."
"그래. 언제 우리 집에 놀러 오게. 자네한테 부탁할 일도 있고."
"예, 시간이 지나면 찾아뵙겠습니다."
"그래. 내가 은주 엄마하고 할 일이 있으니 오늘 밤 우리 은주를 지켜주겠나? 아, 은주가 좋아하는 초밥 사왔는데 함께 먹게. 은주 엄마가 식사를 하지 않아서 2인분 사왔으니 충분할 거야."

"아버님, 고맙습니다."

그는 무엇이 고마운지도 생각할 겨를이 없이 고맙다는 말을 했고 그 모습을 바라보는 은주는 아무 말을 하지 않고 웃고 있었다. 병실 밖으로 나와서 인사를 하고 들어오니 이미 은주는 테이블 위에 초밥을 펼쳐놓고 있었다. 그는 갑자기 몰려드는 시장기로 손을 씻고 손가락으로 초밥을 먹었다. 은주는 아무 말도 하지 않고 그가 먹는 모습을 바라보았다. 은주는 몇 개 집어서 먹었고 그가 은주의 몫까지 거의 먹었을 때 자신이 걸신들린 듯한 느낌이 들어 스스로가 계면쩍어 웃고 말았다. 그때 TV에서 만화영화가 방송되고 있었는데 동물들이 나와서 노래자랑을 하는데 까마귀의 노래가 나오는 동안 그는 그가 병실에 와 있다는 것을 잊고 손뼉를 치면서 웃었다. 그 모습을 바라보던 은주는 그의 행동을 보면서 웃음을 그치지 않았다.

은주의 시와 수필을 읽어 내려가면서 그의 머릿속에 꿈틀거리는 그녀의 혼을 느끼고 있었다. 그들이 경찰에 쫓겨 그의 아지트로 들어가 술 한 잔 마시고 그녀의 손을 잡았을 때 느꼈던 바로 그 느낌이었다. 한 참 시를 읽다가 마지막 페이지에 닿았고 은주의 글은 그에게 또박또박 써 내려가는 편지가 되어 그에게 전율을 느끼게 했다.

내 안에 자라는 기억이

겹겹이 자라나
수풀을 이루며
그대를 담아내었지요

잠에서 깨어나
당신의 손을 잡고
당신의 헝클어진 머리카락을 쓰다듬고
산을 내려오던 날
이미 당신은
내 안에 섬이 되어서 둥둥 떠다니고 있어요

당신이 아버지의 제안을 받아들여
그 아지트를 떠나 원룸에 머물 때
당신의 얼굴에 가득한 고뇌를 읽었고
남동생 가정교사가 되어
우리 가족의 틈새에 머물다가
남동생이 우리의 후배가 되던 날
당신은 원룸 열쇠를 넘겨주고 떠났지요

이미 당신에겐 제가 있고
저에겐 당신이 있다는 것을 알았지만
당신의 떠남을 보면서 혼란 속에 빠졌고
아버지의 거친 언어 속에서
당신은 견딜 수 없을 것이라는 생각을 하였어요

그렇게 당신은 떠나고
나는 정략적인 결혼의 희생이 되어
온몸과 마음에 고통을 담아야만 했지요

지난 오 년간
그렇게 늪 속에 빠지면서 거친 호흡으로
삶을 저당 잡혀 오다가
당신에게 참 미안하다는 생각을 했어요

당신을 잊으려 했지만 그 섬은 더 크게 자라났고
가정이라는 울타리 안에 머물던
사랑이 없는 제 자신의 암울한 이야기는
더 이상의 공간을 허용하지 않고
그곳에서 빠져나왔고
정착할 수 있는 섬을 찾았어요

오랫동안 삶 속에서 멀어졌던 언어가 천천히 사막을 일구고 있네요
그 사막은 이제 섬이 되었어요
당신이 머물러야 할 그곳에
어눌한 언어로 낙서를 하고 있어요
낙서를 하다가
당신에게 전하고 싶은 마음이 생겼어요
이제는 당당히 당신을 만날 수 있을 것 같았지요

참 고맙고
미안한 형

갑자기 가슴이 아파지기 시작했다. 그에게는 잊고 싶은 기억들이 살아나 그의 몸과 마음을 두드린다. 은주 아버지의 제안은 은주의 동생의 가정교사가 되라는 것이었고 그가 머물 원룸도 얻어주었다. 나중에 안 것이지만 그 원룸은 은주의 몫으로 된 것이었고 그가 졸업할 때까지 머물렀

다. 원주의 동생 은식이가 그와 은주가 다니는 학교에 입학했을 때 은주 아버지는 고맙다는 말과 함께 은주 아버지의 회사가 어려움에 접해있었지만, 그 원룸을 자신에게 준다는 말을 했다. 그 당시에는 한창 회사가 어려워 K그룹의 도움이 필요로 했고 K그룹의 회장 아들 중 한 명과 은주는 정략결혼을 해야만 했다. 결혼을 하기 며칠 전에 은주는 온몸으로 울면서 그의 품속으로 파고들었고 그는 그 다음 날 아무 말 없이 원룸 열쇠를 돌려주고 고향 집에 머물다가 중소기업 공채에 합격되었고 그의 글이 사보에 실리면서 홍보실에서 근무하여 지금에 이르고 있었다. 노총각 딱지를 떼지 못한 것은 은주와 단 한 번 이자 마지막 사랑을 나눴던 흔적이 그의 몸에 남아 있어서는 아니었다. 회사 업무에 빠져서 살다 보니 삼십 대 중반이 되어버렸다.

은주는 병원에서 퇴원한 이후에는 그녀의 아버지의 적극적인 개입으로 학생운동을 할 수 없었다. 그는 외부에서 적극적으로 학생운동을 하지는 않았지만, '한심해'라는 필명으로 학교신문에 학생운동에 대해서 기고를 했고 그것으로 말미암아 많은 어려움이 있었지만, 경찰에 끌려가는 일은 없었다. 그 당시에는 수많은 정치인들과 학생들이 안기부나 경찰서에 끌려가 고문받아 몸을 다치고 억압받고 그 정권을 지지하지 않으면 어떤 방법을 써서라도 감옥에 가두던 시절이었다. 2000년 광주의 이야기를 써서 유인물로 학교와 도로에 뿌렸다가 몇 달 동안 수배자의 명단에 머물러 있었던 적도 있었는데 그가 붙잡히지 않고 계속 펜을 통해서 글을 쓸 수 있는 것은 누군가의 힘이 있었기 때문이라 생각이 들었는데 막연하게 은주 아버지가 그 중심에 있을 것이라는 생각을 했다. 가끔 은주 아버지를 만날 때마다 그에게 더 이상 학생운동을 하지 말라는 이야기를 했고 그 말은 오직 은식이 때문이라고 말했다. 은주의 결혼 소식은 들었지만, 결혼식에 참석하지 않은 것은 결혼하기 며칠 전 은주와의 만남 때문은 아니었다. 그가 잠시 시골집에 머물 때였고 은주는 술이나 한잔하자고 전화를 했다. 그녀는 기차를 타고 대천으로 내려왔고 그는 대천역에서 그녀를 만나 버스를 타고 어항으로 갔다. 그들은 회센터에 들러서 생선회를 안주로 소주를 두 병마셨다. 은주는 생선회를 고추냉이를 듬뿍 찍어 그의 입 안에 넣어주었고 그는 받아먹으면서 무척 매운 것을 느껴 얼굴을 찡그리면서 얼른 소주 한 잔을 털어 넣었다. 그들은 소주를 마시고 횟집에서 나와서 방파제로 향해서 걸었다. 수평선 위의 산에서는 붉게 물은 바다에서 해넘이가 시작되었고 차가운 바람이 불어와 그의 몸을 후들거리게 하였다. 그들은 손을 잡고 붉은 등대가 서 있는 방파제 끝으로 걸어갔다. 그들은 방파제 중간에 있는 의자에 앉았다. 한참 동안 말이 없었고 그가 먼저 말문을 열었다.

“은주야 결혼 축하한다. 그리고 행복한 결혼생활을 해야 한다.”

"형, 고마워. 근데 정말 하기 싫어. 그 남자 모든 면에서 일반적인 사람들이 보기에는 좋은 조건이지만 나에게는 아니야. 그래도 어떻게 하겠어. 아버지가 많이 힘들어해. 그래서 그 사람과 결혼을 해야 해. 이제 일주일이 남았어. 형, 오늘은 나 하자는 대로 하자."

"은주야, 내가 어떻게 해 줄 수 없는 것이 싫어. 하지만 나는 믿어 네가 잘 할 수 있으리라는 것을."

"오빠 술 마시니 졸리네. 우리 저기 불빛이 보이는 호텔로 가자. 나 있잖아. 결혼은 내가 원하지 않는 사람과 해도 내 삶에 있어서 첫 번째 사랑은 내가 사랑하는 사람하고 나누고 싶어."

"은주야, 말도 안 되는 얘기 그만하고 서울 올라가라. 아직 기차 몇 대 남아 있어."

"오빠는 내가 이렇게 술 취해서 돌아다니길 원하는 거야?"

"솔직한 말을 하면 아니지만. 나 잠자면서 코를 골거든."

"그것이 무슨 문제가 되지 않잖아."

"그래 네 말이 맞아. 그날 쫓기다가 텐트에서 술 마시고 자면서 네가 한 말 기억나. 내가 너의 기둥이라고. 그곳에 그리움과 기다림 묶어 놓는다고 말했지."

"형, 별것 다 기억하네."

"그 이후 내 마음속에 좌표가 되었거든. 근데 이제는 내 머릿속에서 지워야지. 오직 너의 행복만을 빌게. 삼류소설 같은 이야기지만 내 마음속에는 그 생각이 타오르고 있어."

"형, 알아요. 나는 형에게 갈 수 없지만, 마음은 언제나 함께 할 거 에요."

"그러면 안 돼. 몸과 마음이 분리되어 있으면 모든 사람이 불행한 거야."

"물론 노력은 해 봐야지요. 이것이 저에게 주어진 운명이라면 어쩔 수 없을 거야. 가족을 멀리하고 나 혼자 잘 살 수는 없지요."

"모르겠어. 내가 너에게 줄 수 없는 것이 늘 안타까웠어. 오늘도 그러네. 하지만 네 결혼을 진심으로 축하해주고 싶어."

"형, 고마워요. 오늘 밤만큼은 더 이상 말을 하지 말아요. 제가 사랑하고 저를 사람에게 제 사랑을 전부 주고 싶으니까요."

그는 다시 은주의 블로그에 접속했다. 이웃신청을 했었는데 이미 은주는 그의 존재를 인식하고 이웃승인을 해 주었다. 그는 이웃들에게만 공개된 앨범으로 들어가자 은주의 많은 사진을 볼 수 있었는데 대부분 문학 활동과 연관된 사진이었다. 그러다가 그는 이상한 사진 하나를 발견했다. 사진 속에는 바닷가에서 세 살 쯤 되어 보이는 여자아이와 손잡고 걸어가는 은주의 모습을 발견할 수 있었다. 그는 사진을 보면서 어디서 본 듯한 낯익은 모습이었으나 은주의 딸일 것이라는 막연한 생각을 할 뿐이었다. 다시 다른 페이지를 찾아보니 그 아이의 얼굴이 크게 보이는 사진 한 장을 발견할 수 있었다. 근데 이상할 정도로 그의 시선을 마비시키는 힘이 있음을 발견했다. 그는 샤워를 했다. 차가운 물이 그의 몸을 타고 흘러내렸고 정신이 드는 것을 느꼈다. 물기를 닦고 소파에 앉았을 때 그의 전화가 진동음을 내뱉고 있었다. 모르는 번호이기에 그대로 놔두었는데 잠시 후 문자가 왔음을 알리는 소리가 났다. 안부 게시판에 그의 전화번호를 남겨놓았던 것을 기억하면서 문자를 확인했다.

「형, 전화해달라고 했으면 전화를 받아야지요.」

'어? 그럼 은주의 전화란 말인가?'

그는 잠시 전화기를 만지작거리다가 문자를 다시 한 번 읽은 후 발신 버튼을 눌렀다. 잠시 신호음이 가더니 목소리가 들려왔다.

"형, 은주에요."
"아, 은주구나. 오랜만이야. 어떻게 지냈니?"
"잘 지냈어요."
"왜 이제야 연락 했어?"
"호호. 유부남에게 전화를 하면 쫓겨나면 어떻게 해요?"

"하하. 그래도 오빠에게는…"

"미안해요. 이제 해방이 되었어요. 저를 얽어맸던 일들이 모두 도망갔어요."

"그래. 네 시집과 수필집을 읽으면서 짐작이 갔어."

"형, 그런데 내가 전해 말했던 것 기억나?"

"무슨 얘기?"

"우리가 이야기를 많이 나누었으니 무슨 말인지 힌트라도 좀 줘봐."

"호호. 그날 밤."

"아, 내가 너의 기둥이 되고 기둥에 그리움과 기다림을 묶어 놓았다는 얘기?"

"형, 기억하고 있네?"

"그래. 근데 네가 시집가는 날 풀어헤친다고 했잖아?"

"형은 그렇게 했는지 모르지만 나는 그렇게 하지 못했어."

"그러면 안 되지."

"형이 강요할 수는 없어. 순전히 내 마음일 뿐이니까."

"알아. 근데 네 딸 참 예쁘더라."

"호호. 형 내 블로그 다 뒤져보았네?"

"네가 허락을 해 주었으니 살펴보았어."

"맞아요. 제 딸이에요. 아주 예쁘지요?"

"그래. 너를 꼭 빼 닮았더구나."

"사람들이 그렇게 말해요. 그리고 한 가지 더 말하면 제 아빠를 닮아 밤에 잠을 잘 때 코도 골아요. 그리고 매운 것을 못 먹어요. 뿐만 아니라 TV에서 방송되는 만화를 보면 손뼉을 치면서 웃어요."

끝.

※ 참여자와 제목 ※

시 부문

수필 부문

류준열

문예사조 등단

소설 부문

이병헌

문학21 등단

비 오는 날 술 다섯 잔

인쇄 2011년 9월 30일
초판 1쇄 발행 2011년 10월 5일

지은이 윤인환 외
펴낸이 양상구
편 집 김초롱
펴낸 곳 도서출판 **채 운 재**
주 소 서울시 중구 충무로2가 49-8 서울빌딩 202호
전 화 02-704-3301
팩 스 02-2268-3910
손전화 010-5466-3911
이메일 ysg8527@naver.com
정 가 10,000원

ISBN: 978-89-93829-33-4 (03800)